Libro de recetas para unas hormonas sanas

Más de 80 recetas para equilibrar las hormonas y tratar la fatiga, la niebla mental, el insomnio y mucho más

Alan Christianson, médico naturópata

Si este libro le ha interesado y desea que le mantengamos informado de nuestras publicaciones, escríbanos indicándonos qué temas son de su interés (Astrología, Autoayuda, Psicología, Artes Marciales, Naturismo, Espiritualidad, Tradición…) y gustosamente le complaceremos.

Puede consultar nuestro catálogo en www.edicionesobelisco.com

Colección Salud y Vida natural
LIBRO DE RECETAS PARA UNAS HORMONAS SANAS
Alan Christianson

Título original: *The Hormone Healing Cookbook: 80+ Recipes to Balance Hormones and Treat Fatigue, Brain Fog, Insomnia, and More*

1.ª edición: enero de 2025

Traducción: *Cristina Zuil*
Maquetación: *Juan Bejarano*
Corrección: *Sara Moreno*
Diseño de cubierta: *Zalah Sampson*

Edita: Ediciones Obelisco, S.L.
Collita, 23-25. Pol. Ind. Molí de la Bastida
08191 Rubí - Barcelona - España
Tel. 93 309 85 25
E-mail: info@edicionesobelisco.com

ISBN: 987-84-1172-222-3
DL B 16741-2024

Impreso en SAGRAFIC
Passatge Carsí, 6 - 08025 Barcelona

Me gustaría dedicar este libro a mis lectores.
Habéis dejado claro que os gustan mis recetas
y me habéis aportado la confianza necesaria
para probar algo nuevo.

Me habéis pedido un libro de cocina
y aquí lo tenéis.

Muchas gracias,

doctor C.

ndice

Introducción

¿Por qué un libro de recetas?

Considero que una buena salud es un ingrediente esencial para una buena vida. Creo que la clave para disfrutar de la mejor salud posible es tener un estilo de vida basado en hábitos conscientes, respaldados por pruebas sólidas, lo que incluye una dieta con una variedad de alimentos mínimamente procesados en cantidades razonables. Sin embargo, ahí no acaba la historia. Puedes personalizar dicha dieta para satisfacer necesidades específicas y me halaga poder mostrarte cómo hacerlo en el *Libro de recetas para unas hormonas sanas*.

En el primer libro con el que llegué a un público más amplio, introduje la idea de que los alimentos se pueden regular para resetear la respuesta del cuerpo al estrés. Incluí menús y recetas para proporcionar aplicaciones prácticas. Me entusiasmaba compartir esa idea. Me pareció que era importante, revolucionaria. Siempre he disfrutado cocinando de forma saludable y me pareció lógico introducir algunas de mis recetas favoritas.

La respuesta de mis lectores me sorprendió. Sí que les resultó útil el programa y compartieron resultados inspiradores. Me sentí eufórico, aunque también sorprendido al descubrir que las recetas fueron gran parte de su éxito.

Empecé a compartir más recetas en línea y publiqué dos libros más. Aun así, los lectores me pidieron que escribiera un libro de cocina.

Bueno, pues… ¡aquí está! Y, aunque es imposible negar que este libro contiene recetas fáciles y deliciosas, todas están destinadas a revelar una idea: que algunos alimentos específicos pueden revertir el desequilibrio hormonal y que, según los síntomas que tengas, debes centrarte en unos o en otros. Cocinar cada día es más que una manera de alimentarte. Es el núcleo de una vida saludable y feliz. Cuanto mejor sea tu vida, más fácil te resultará evitar los problemas y enfrentarte a los que no puedes evitar.

Tras enviar diversos cuestionarios y preguntas, las mayores preocupaciones han resultado ser el aumento de peso, la falta de energía, un empeoramiento de la función mental, una menopausia difícil y el insomnio. He tratado algunos de estos temas en libros anteriores, pero hay otros que no. El hilo conductor es que todos son síntomas hormonales.

Vamos a estudiar el término «hormona» para asegurarnos de que hablamos de lo mismo.

En el mundo de la medicina, las hormonas son agentes químicos que regulan los sistemas corporales. Las más importantes son las hormonas del tiroides, las glándulas suprarrenales y los ovarios o testículos. Cuando las personas que no pertenecen al ámbito médico hablan sobre hormonas, suelen referirse a síntomas relacionados con los estrógenos, como el síndrome premenstrual, la menopausia y la fertilidad.

Cuando hablo de hormonas en este libro de recetas, hago referencia a ambos significados. A través de distintas investigaciones, se ha demostrado que la comida puede ayudar a regular las hormonas y me satisface compartirlo contigo de una forma práctica.

Hay tres maneras de usar estas recetas. En primer lugar, este libro de cocina se organiza en torno a los principales síntomas hormonales. Si te enfrentas a uno de estos síntomas, es decir, al aumento de peso, la fatiga, la niebla mental, el insomnio o los sofocos, sigue uno de los menús bisemanales para aliviarlo (*véase* parte 3). En segundo lugar, puedes usar esas recetas para incluirlas en los programas de otros libros. Para algunas, se necesitan pequeñas modificaciones que he añadido. En tercer lugar, disfruta experimentando. Encuentra una receta que te guste, pruébala y repite el proceso. Todas son fáciles y saludables, y están deliciosas.

¿Por qué esos síntomas?

He organizado este libro de cocina según los síntomas, ya que son lo que más importa.

A menudo, el mundo de la medicina se centra en cualquier cosa, menos en los síntomas, cuando en realidad el objetivo debería ser ayudarte a sentirte mejor. Los doctores suelen hablar de los resultados de laboratorio, en vez de dichos síntomas porque éstos escapan a su control. Además de no poder cuantificarlos, empeoran, aunque hayan prescrito el tratamiento «correcto».

Lo que se descubre en el laboratorio es parte de la esfera de control de los médicos. Los síntomas no. Cuando los pacientes hablan de ellos, los síntomas toman el mando mientras que, cuando el enfoque se encuentra en el laboratorio, el doctor decide si el tratamiento ha funcionado o no. ¿Los resultados de las pruebas de laboratorio son mejores? Entonces, caso cerrado.

Sin embargo, no se sale victorioso a menos que los síntomas se atenúen. A ti no te importa que tus resultados sean mejores si te sigues encontrando igual de mal. Los síntomas son algo más que malestar en distintas formas. Pueden determinar la calidad de tu vida. También son la mejor manera de saber qué está ocurriendo dentro de tu cuerpo. Si persisten, sabes que sigue habiendo un problema subyacente que se ha pasado por alto.

Cuantos menos tengas y cuanto más moderados sean, mejor será tu vida. Como endocrino, me centro en las hormonas que se encuentran tras los síntomas. ¿Los culpables son los estrógenos, el cortisol o la T3 del tiroides? Este enfoque es aceptable, pero tiene sus límites. Lo típico es que los doctores descarten la mayoría de las enfermedades graves y, después, aseguren que no hay ningún problema. No suelen tener la formación suficiente para pensar en las hormonas. Los síntomas son el primer indicio de desequilibrio hormonal. La enfermedad, el segundo.

El cuerpo ajusta sus niveles hormonales para alcanzar el equilibrio. Las hormonas controlan la cantidad y el momento de las reacciones químicas principales. Cuando las reacciones son demasiado lentas, nos sentimos cansados, ganamos peso y no pensamos con claridad. Cuando se alteran los intervalos diarios, no podemos dormir bien. Dichos intervalos también influyen en cómo superamos etapas de la vida como la perimenopausia o la menopausia. Si los acontecimientos que se incluyen en estas transiciones importantes no se orquestan con fluidez, los síntomas habituales empeoran.

Debe existir un equilibrio entre hacer lo que puedas para mejorar tu propia salud y buscar atención médica cuando sea apropiado. La única respuesta a este dilema es tener una buena relación de colaboración con un profesional de la salud. Aunque la tengas, hay momentos en los que necesitarás decidir si debes centrarte en el autocuidado o buscar un diagnóstico más profundo. Considera pedir una segunda opinión si tus síntomas son graves, nuevos o cambiantes o si crees que no se están tomando en serio. Si son estables y comprensibles, pero sigues sin sentirte tu mejor versión, ahora puedes tomar cartas en el asunto desde tu cocina. Cocinar es una herramienta poderosa. Lo digo porque, en el transcurso de mis más de veinticinco años de cuidado a pacientes, he visto cómo ciertos alimentos ayudan a miles de personas. Este libro se basa en mi experiencia y en la literatura médica con el fin de seleccionar los alimentos específicos que atenúan los principales síntomas hormonales.

Sin embargo, la comida es sólo el punto de partida. Para que las recetas funcionen, deben formar parte de tu vida diaria. Si quieres que los alimentos sean una solución eficaz, deben ser fáciles de encontrar y usar. Y, sobre todo, tienen que estar buenos. Algunos quizás logren obligarse a tomar comida que no les gusta o rechazar sus platos favoritos durante más tiempo que otros, pero nadie puede hacerlo a largo plazo. La comida adecuada ayuda, pero sólo si forma parte de una buena receta y un estilo de vida que te funcione. Puede hacerlo incluso más cuando la receta se adapta a tus síntomas específicos. Todas las que aparecen en este libro de cocina se han creado para ayudarte a que te sientas mejor. Los ingredientes se han elegido por sus efectos concretos. Además, si se me permite decirlo, ¡están deliciosas!

Creo que todos estamos de acuerdo en que los buenos alimentos deben ser frescos, sabrosos, equilibrados, bien cocinados y preparados con amor. La buena cocina es satisfactoria, nutritiva y saludable. Te hace sentir vivo y con ganas de enfrentarte a los desafíos de la vida. Si aún no te has enamorado de la cocina, este libro va a cambiarte. Elaborar menús y listas de la compra puede ser la parte más difícil, así que ya te la doy hecha.

Cuando no te tienes que tomar tantas molestias, cocinar puede convertirse en una forma de meditación. Puede ser un reseteo diario, un momento en el que tomar conciencia y dar pasos deliberados. Además, requiere una concentración elevada. Te obliga a estar en contacto con tus sentidos. ¿Cuál es el color correcto de las cebollas sofritas para conseguir el punto adecuado? ¿Cómo debe sonar el chisporroteo de una sartén que se ha calentado lo suficiente? ¿Cómo huele una receta terminada?

Si conviertes la cocina en una costumbre, entrarás en modo meditativo en cuanto empieces. Te obligará a alejarte de pensamientos agobiantes y preocupaciones. Te conectará con mayor intensidad con aquéllos para los que cocinas. Pronto, elegirás los alimentos por lo que te hagan sentir, en lugar de por aburrimiento o hábito.

Empecé a pensar en la importancia de la comida con doce años. Mi madre biológica tenía mucho a lo que enfrentarse, por lo que no pudo quedarse conmigo. Es probable que heredara algunos de sus problemas. Nací con frecuentes ataques y falta de coordinación. No podía hacer deporte, dibujar o escribir bien. Como se suele hacer, automáticamente me centré en mis puntos fuertes. Los libros eran lo mío. Empecé a leer desde muy pequeño y mi mayor placer era la emoción de asimilar nuevos conocimientos. Era feliz con mis libros e ideas.

Sin embargo, todo cambió durante la adolescencia. Aumenté de peso y comenzó a importarme lo que pensaran mis compañeros. Me rechazaban por mi volumen y, por esa razón, yo me rechazaba a mí mismo. Me sentía repulsivo e inaceptable. Seguía metido en los libros y fueron ellos los que volvieron a salvarme. Sabía con exactitud dónde se encontraban todos los libros sobre el espacio en la biblioteca local. Una vez, me estaba dirigiendo hacia esa sección cuando el título de una obra captó mi atención. Se llamaba *Volvámonos saludables*. Ese libro modificó el rumbo de mi vida. Sólo con el título, cambié de mentalidad. Implicaba que podía elegir sobre mi salud. Aquella idea me resultaba novedosa. Hasta ese momento, mi salud precaria era algo que se me había impuesto, como el tiempo.

Cogí el libro de la estantería y me lo leí casi entero mientras permanecía ahí, de pie. Apliqué lo que pude, ya que, como sólo era un niño, mis recursos eran limitados. No tenía suplementos alimenticios. Era mi madre quien cocinaba y llenaba la despensa. Echando la vista atrás, debo decir que no teníamos demasiada comida basura y mi madre preparaba comidas saludables. El problema era que me atiborraba de golosinas y no comía suficientes proteínas, vegetales y buenos carbohidratos. No cocinaba todavía, pero contaba con cierta flexibilidad en mis decisiones. Mi madre tenía proteína en polvo en la despensa, por lo que empecé a tomarla para desayunar. Decidí qué poner en mi plato durante la cena y cuánta cantidad. Aproveché la posibilidad de rechazar dulces y raciones extra.

Esas pequeñas acciones me ayudaron y me enseñaron lecciones esenciales. Aprendí que para ser feliz necesitaba tener salud y, para ello, necesitaba tomar buenos alimentos. Gracias a eso, gané la confianza suficiente para empezar a hacer ejercicio. Descubrí que mis límites físicos previos ya no eran relevantes. Lo que me frenaba eran mis hábitos sedentarios. Cambié este comportamiento y prosperé.

A medida que crecía, mi libertad en la toma de decisiones alimentarias aumentó. Mi madre me dejó ayudarla y me enseñó a cocinar. Pronto, empecé a participar en la cocina y la compra. Uno de mis recuerdos favoritos es de un fin de semana que pasé con la abuela Christianson. Quiso transmitirme algunas de las mejores recetas de la familia, como el *lefse* (una tortita grande y fina de patata) y las albóndigas. De hecho, muchas de las recetas que he incluido aquí se basan en el «libro de cocina» de mi madre, una caja de zapatos llena de recetas heredadas de encantadoras mujeres escandinavas. Todas están escritas a mano en trozos de papel de distintos tamaños. Sé que se han usado mucho porque están manchadas al haberlas apoyado en la encimera de una cocina atareada.

Cuando cumplí dieciséis años, empecé a trabajar como cocinero. Era un buen trabajo para un estudiante, pero quería usar la comida y otros métodos naturales para ayudar al resto a sentirse mejor. Ese objetivo me llevó a convertirme en médico naturópata y, después, en endocrino naturópata.

Por desgracia, no cociné demasiado durante mis primeros años en la profesión. Trabajaba más de setenta horas a la semana para salir adelante. Dada mi mala organización, acababa en restaurantes o tomando comida preparada. A pesar de mis «buenas» intenciones, la comida no era buena. El ejercicio también quedó relegado a un segundo plano. Pasé de ejercitarme a diario a convertirme en un guerrero ocasional los fines de semana. De la noche a la mañana, no ocurrió nada, pero sí a largo plazo. Ayudaba a los demás a volverse saludables mientras malograba mi propia salud. Aumenté de peso y mi actitud decayó. Lo que debería haber sido un momento de felicidad a menudo se convertía en una lucha.

Un día, vi una fotografía que me hizo mi mujer en una reunión familiar. Me la sacó de perfil y parecía que me había tragado un balón de baloncesto. Aquello me impactó, pero, tras darme cuenta del problema, supe que debía empezar a seguir las indicaciones que daba a los demás. Volví a cocinar y a hacer ejercicio diariamente. Sin embargo, llevaba una vida ajetreada, por lo que tuve que aprender a organizarme de manera más eficiente. Debía equilibrarlo con el tiempo que le dedicaba a mi familia y a mi trabajo. No fue fácil, pero sí necesario, por lo que me obligué a hacer que funcionara.

Por supuesto, los cambios me llevaron tiempo. No obstante, empecé a sentirme mejor desde los primeros días. Mi estado de ánimo mejoró y volví a disfrutar de la vida. Después de recuperar dichos hábitos, me sentía tan motivado con los resultados que quise compartirlos con mis pacientes. Sin embargo, la mayor parte del tiempo que me pasaba en la clínica me centraba en problemas médicos. No había tiempo para hablar de recetas. Por eso, comencé a escribir un blog. Estábamos a finales de los noventa, con Internet en pañales.

Desde entonces, me encanta compartir recetas y aprender de los demás. Con el paso de los años, he tenido la suerte de cocinar junto con muchos otros apasionados por la cocina y chefs profesionales. He pasado por fases en las que he probado gastronomía exótica, ingredientes poco habituales y métodos de cocina revolucionarios. Os mostraré un par de ellos por diversión, pero la cocina diaria debe ser sencilla y común.

¿Cómo conseguir que funcione? Piensa en tus síntomas principales, elige aquello en lo que quieras centrarte primero y comprométete durante dos semanas con el menú correspondiente. Ábrete a probar nuevos ingredientes. Ninguno es difícil de encontrar, pero quizás algunos no los comas a menudo.

¿Será difícil? Esto es lo que debes hacer: dedica entre quince y treinta minutos al día a cocinar. Cada semana, destina una hora a la compra y otra a la preparación de alimentos. También puedes desarrollar el grueso del trabajo durante el fin de semana. Me encanta pasarme los domingos por la tarde en la cocina, preparando la comida y precocinando todo lo que puedo. Parece increíble lo eficaz que es hacer varios platos en una única sesión.

Plantéate apuntar cada paso del proceso. Toma nota de lo que descubras. ¿Qué recetas te encantan? ¿Cuánta atención pones en la cocina? ¿Cómo harás una receta de forma distinta? ¿Qué ingredientes sustituirás para que se adapten mejor a tus preferencias?

En los primeros dos capítulos, explicaré en detalle la historia detrás de cada síntoma, hormona o alimento. En los siguientes cinco capítulos, trataré en profundidad cinco de los síntomas: lo que suponen, otras causas, los alimentos que más los atenúan y los suplementos de venta libre que pueden ser útiles.

En los últimos dos capítulos, la parte principal del libro, encontrarás menús de comidas, listas de la compra y recetas. Mientras revisas el contenido, lo más importante que me gustaría que recordaras es que puedes sanar.

Si has olvidado qué es sentirte bien, al principio el cambio puede ser difícil. Es demasiado fácil pensar que estás estancado y no puedes hacer nada al respecto. Se necesita un salto de fe para comenzar. Si te parece complicado, sólo te pido que me dediques dos semanas. No necesitarás disciplina para adoptar una nueva rutina, será un proceso automático. Dado que tu salud es valiosa, descubrirás que este itinerario implica mucho más. Dar estos pasos te aportará autocontrol y una confianza que te ayudará de infinitas maneras.

En el primer capítulo, te explicaré cómo el equilibrio hormonal, la comida y los síntomas forman parte del mismo paquete. ¡Sumerjámonos en él!

PARTE 1

HORMONAS, SÍNTOMAS Y COMIDA

CAPÍTULO 1

Hormonas y síntomas

Muchas personas tienen síntomas molestos que les llevan a preguntarse si hay algún problema con sus hormonas. Quizás el aumento de peso no tenga sentido o no comprendan por qué están tan cansadas. Tal vez sus sofocos sean mucho peores que los de su madre.

Las hormonas regulan los procesos químicos que vuelven saludable al cuerpo. Cuando se desequilibran, provocan síntomas comunes y molestos, como el aumento de peso, la fatiga, los sofocos, el insomnio y la niebla mental.

Existen distintos tipos de desequilibrio hormonal que pueden causar estos cinco síntomas principales. El aumento de peso puede indicar problemas con el tiroides o las glándulas suprarrenales. La fatiga puede proceder de una deshidroepiandrosterona anormal (DHEA, una hormona que produce el cuerpo de forma natural en las glándulas suprarrenales) o una baja testosterona. La causa de los sofocos puede ser cambios rápidos en el estradiol y la progesterona. El insomnio suele ser el resultado de que la melatonina y el cortisol no se entiendan. La niebla mental puede producirse cuando el hígado ignora el glucagón del páncreas.

Para ayudarte a equilibrar las hormonas, el *Libro de recetas para unas hormonas sanas* se basa en alimentos vegetales ricos en fitonutrientes. Aunque no se desarrolle un déficit o enfermedad por no tomarlos, el cuerpo depende de ellos para la homeostasis. Los desequilibrios hormonales se producen por la incapacidad de autorregularnos. Las hormonas requieren muchos sistemas de regulación interna y la mayoría funcionan sólo en presencia de fitonutrientes. Una dieta rica en los fitonutrientes adecuados mejora los niveles hormonales porque ayuda a que el cuerpo haga los ajustes por sí mismo. Muchas personas no toman suficientes fitonutrientes, como los que siguen una dieta estadounidense estándar o los que optan por dietas «saludables» muy restrictivas.

Los alimentos modernos están altamente procesados. Gran parte de dicho procesamiento tiene como fin aportar mayor sabor a la comida y garantizar una fecha de caducidad más lejana. Los ejemplos principales son la harina blanca, el azúcar de mesa y los aceites refinados. Todos sabemos que estos ingredientes son demasiado apetecibles como para ser buenos, además de poseer gran cantidad de calorías y pocas vitaminas. También están desprovistos de fitonutrientes. Los científicos se cuestionan si dichos alimentos son perjudiciales por naturaleza o si lo son porque desplazan a otros con más fitonutrientes.

Estos problemas pueden presentarse en personas que sigan incluso dietas «saludables». Muchas de las más populares son muy restrictivas. Además de eliminar comida basura, algunos regímenes van demasiado lejos y suprimen algunos de los alimentos vegetales más saludables. ¿Por qué los componentes de las plantas ayudan a nuestras hormonas?

Las plantas producen por sí mismas hormonas, en ocasiones las mismas que nosotros. Por eso, los elementos químicos que regulan sus hormonas también regulan las nuestras cuando las comemos. La melatonina es un ejemplo del que hablaremos en el capítulo 7, «Insomnio». Tanto los humanos como las plantas siguen el ritmo circadiano y la melatonina que producen ambos se encarga de regularlo. Cuando comemos melatonina de las plantas, influimos en nuestro ritmo circadiano.

Los estrógenos son otro ejemplo. Los humanos y las plantas utilizan componentes similares a los estrógenos para controlar el crecimiento y la reproducción. Los estrógenos de las plantas se llaman fitoestrógenos. Cuando los ingerimos, pueden reducir los síntomas provocados por cambios en los estrógenos durante la menopausia.

Parece que los sistemas que regulan las hormonas humanas evolucionan gracias a la presencia de fitonutrientes. Nuestros cuerpos se vuelven dependientes de estos componentes vegetales. No consumir suficientes es perjudicial de una forma que no se manifiesta enseguida. La vida moderna está cargada de factores que llevan al desequilibrio hormonal. Recuerda que las hormonas regulan nuestros cuerpos: controlan nuestra producción de energía, los horarios del día a día y los procesos reparadores. La vida moderna dificulta la regulación de todos esos sistemas.

En el mundo actual, nuestros días suelen ser erráticos. Ya no nos despertamos ni dormimos según el ritmo del Sol. Nuestra producción de energía se desequilibra por culpa de los estímulos, los alimentos procesados, comer entre horas y los horarios irregulares de comidas. La reparación de tejidos empeora debido a los períodos prolongados de inactividad. Por supuesto, el estrés también influye en todos estos problemas y los agrava.

Nuestro cuerpo cuenta con mecanismos para regular hormonas incluso sin fitonutrientes. Si la vida fluye sin sobresaltos, nuestros propios sistemas incorporados funcionan. Sin embargo, a menudo, no es así. La ansiedad de la vida moderna supone mucho estrés para nuestro cuerpo, por lo que el equilibrio de nuestras hormonas es imposible sin la ayuda extra de los fitonutrientes. Tras largos períodos de tiempo, la falta de regulación hormonal provoca los síntomas principales mencionados y mayor riesgo de enfermedades crónicas. La comida ayuda con los síntomas hormonales porque arregla los problemas subyacentes. No es sólo una tirita para mejorar la situación durante un tiempo.

Como es obvio, hay otras dietas destinadas a equilibrar las hormonas. Quizás te estés preguntando por qué el enfoque del *Libro de recetas para unas hormonas sanas* es diferente. Se distingue por las conjeturas en las que se basan las otras dietas. ¿Las personas son más saludables dependiendo de lo que añadan o eliminen de su dieta?

Depende de por dónde empiecen. Si alguien sigue una dieta en la que se come demasiado en general y toma muchos alimentos procesados, es probable que al eliminar una parte se sienta mejor. Pero, si es así, ¿esta mejoría se debe a que ha dejado de consumir «mala comida» o a que la ha reemplazado por «buena»? Algunos creen con tanta firmeza en el beneficio de la reducción que siguen aplicándola incluso después de eliminar la comida basura. Ciertas tendencias populares evitan grupos alimentarios naturales completos e incluso un gran número de frutas y verduras. De hecho, una de las dietas más conocidas elimina casi todos los alimentos vegetales.

Estas dietas asumen que muchos alimentos naturales son malos porque contienen elementos químicos perjudiciales. Afirman que la salud se alcanza al evitar «ingredientes nocivos» y ponen dicha etiqueta a muchos naturales y no procesados. Algunos de los que recomiendan evitar son aquéllos con un alto contenido en oxalato, como las espinacas, las almendras o los dátiles; con lectinas, como las nueces, las lentejas y el arroz integral, y los pertenecientes a la familia de las solanáceas, como el ajo, los tomates y las berenjenas.

En general, que todos estos componentes sean perjudiciales sirve de inspiración para estas directrices. Sin embargo, lo mucho es tóxico, es decir, en todos los casos el daño sólo se produce cuando se ingieren en concentraciones que no se encuentran en platos normales.

Por ejemplo, las lectinas de las legumbres secas sólo son perjudiciales cuando éstas no están cocinadas. Como cualquier solanácea, las berenjenas contienen alcaloides como la nicotina, pero sólo una cienmilésima parte de la que se encuentra en los cigarrillos. El oxalato se acumula en los tejidos, pero nuestro cuerpo ya genera más del que nunca podremos absorber al comer.

No digo que las dietas mencionadas no sirvan de nada en todos los casos. De hecho, muchas personas pueden adoptarlas y disfrutar de sus beneficios. ¿Cómo es posible? Depende de por dónde empiecen. Si una persona sigue una dieta estadounidense estándar o SAD por sus siglas en inglés (baja en fibra, frutas y verduras, alta en grasas y azúcar), puede cambiar a una restrictiva y sentirse mejor al principio. Quizás acabe comiendo menos alimentos procesados, más verduras y fibra.

Es fácil basarse en teorías químicas, ensayos de laboratorio y estudios con animales para demostrar casi cualquier cosa. El mundo de la bioquímica es tan amplio que se puede contar con una serie de teorías que parecen posibles, aunque resulten no serlo. Aun así, cuando analizamos los estudios sobre humanos, se consigue mayor claridad. Si comparamos a un grupo grande de personas que comen una amplia gama de alimentos saludables con aquellos que siguen una dieta más restrictiva, su salud es mejor. Los alimentos ricos en fitonutrientes son más saludables. Esto es así incluso aunque incluyamos lectinas, oxalato y solanáceas. Ahora sabemos que algunos elementos son peligrosos en dosis altas, pero beneficiosos en cantidades más pequeñas. Resulta que esos agentes químicos «peligrosos» en los alimentos naturales pueden ser más que inofensivos, pueden ser parte de lo que vuelve saludables a ciertas comidas.

Es verdad, los alimentos naturales contienen miles de químicos, muchos de los cuales pueden ser peligrosos si se consumen en grandes cantidades. No obstante, la cantidad encontrada en los ingredientes es insignificante. No es coincidencia que estas cantidades sean justas y suficientes para mantenernos saludables. La comida es poderosa porque hemos coevolucionado con ella. Hemos incorporado las plantas que saben bien y nos sacian. Hemos elegido lo mejor de cada cosecha y hemos usado sus semillas para la siguiente. Las hemos protegido de insectos y malas hierbas para que ellas nos mantuvieran saludables. Hemos evolucionado juntos.

El brócoli es un gran ejemplo. Lo vemos como un alimento mundano, pero no existía hasta hace poco. Unos tres mil años atrás, la humanidad empezó a cultivar col silvestre. Apenas era comestible y tenía poco valor nutricional, ya que se componía sobre todo de hojas ásperas y amargas. Cada cosecha daba unas pocas plantas con tallos menos amargos. Ésas eran las que se usaban en la cosecha siguiente, que sería un poco mejor. El ejemplar más dulce era el que se usaba en la siguiente temporada. Al cabo de miles de años, la col silvestre se convirtió en la verdura moderna a la que llamamos brócoli.

Hay una buena razón por la que no nos gustan los alimentos demasiado amargos: quizás sean venenosos. Las plantas contienen distintos venenos que poseen una función: evitar que otras plantas crezcan demasiado cerca, mantener lejos a los insectos que se las comen y provocarles diarrea a los animales para esparcir sus semillas de forma más eficaz.

La col silvestre y el brócoli contienen venenos llamados glucosinolatos. Estos componentes se utilizan hoy en día como pesticidas eficaces contra polillas y escarabajos.[1] A medida que los humanos seleccionaban las plantas que mejor sabían, su cantidad de glucosinolato disminuía, pero siguen conteniendo una parte. Alrededor del 25 % de la población tiene genes que los vuelven más sensibles al sabor de dichos elementos. Estas personas se conocen como *supertasters* o supergustadores y es más probable que eviten las verduras crucíferas. Los glucosinolatos del brócoli hacen que nuestro hígado trabaje más. Estimulan conductos biliares que los descomponen para estar mejor preparados para la próxima vez. Estos mismos conductos se utilizan para equilibrar las hormonas. Dado que el ser humano lleva tanto tiempo ingiriendo glucosinolatos, el hígado no funciona bien sin ellos.

En los estudios se sugiere que el brócoli reduce el riesgo de cáncer.[2] Es probable que sea más adecuado asegurar que la falta de brócoli aumenta dicho riesgo. Hay historias similares en muchas otras categorías de alimentos: cereales, legumbres, frutos secos, semillas, frutas y otras verduras. Ahora entenderás por qué las personas más saludables son aquellas que comen una amplia variedad de estos alimentos.

El *Libro de recetas para unas hormonas sanas* trata la comida como a un aliado, en vez de como a un enemigo. No intenta excluir los fitonutrientes, sino que los usa para recuperar el estado de equilibrio hormonal de nuestro cuerpo. Si parece que algo no va bien con tus hormonas, ten claro que puedes hacer algo al respecto. Toma decisiones diarias que te guíen hacia la salud que deseas. He escrito este libro de cocina para ayudarte con una de esas decisiones: ¿qué debería cocinar esta noche?

Demasiado a menudo, la comida se convierte en otra controversia. La idea de una comida sencilla y saludable se pierde bajo el ruido de modas extremas. ¿Debería seguir la dieta paleo o volverme vegano? ¿Debería tomar un desayuno de campeones o hacer ayuno intermitente? ¿Las espinacas son un superalimento o poseen demasiado oxalato inflamatorio? Los argumentos sobre los beneficios de la comida para la salud son ciertos; los que hablan de peligros escondidos en alimentos naturales no.

El beneficio más conocido es la regulación hormonal. Necesitamos fitonutrientes para mantener el equilibrio hormonal. Este libro de cocina presenta recetas ricas en fitonutrientes que ayudan con los cinco síntomas principales del desequilibrio hormonal: ese aumento de peso terco, la fatiga, la niebla mental, los sofocos y las dificultades para dormir.

He incluido pruebas sólidas para que te ayuden a elegir qué comer según tus síntomas físicos. ¿Te gustaría tener más energía para completar un proyecto? Empieza el día con una receta para la fatiga como el «Batido de hojas de remolacha». ¿Los sofocos hacen que te resulte difícil dormir? Para la cena, prueba la «Crema de gambas y tofu». ¿Te has estado peleando con el peso? Opta por el menú bisemanal de comidas del capítulo 8 para combatir el aumento de peso. Me ha sorprendido incontables veces lo resistente que puede ser el cuerpo humano. Da igual la edad que tengas o lo mucho que se te haya escapado de las manos la situación. Tu cuerpo puede curarse casi siempre si le das una oportunidad. Una serie de buenas recetas es toda la ayuda que necesita.

No dejes que tus síntomas te abrumen, pero haz el seguimiento de cómo te sientes. Incluso los leves son importantes. Son señales de que tu cuerpo está trabajando duro para mantener su equilibrio. El sistema endocrino produce hormonas que devuelven el equilibrio al cuerpo. No nos sentimos bien cuando nuestras hormonas empiezan a desviarse. ¿Algunos días te sientes mejor que otros? Todos tenemos pequeños problemas que vienen y van. Son indicios normales de que nuestro cuerpo lucha por recuperar el equilibrio. Sabes que algo va mal cuando casi todos los días son malos. Los síntomas nos permiten saber que algo va mal antes de que enfermemos.

Dado que las hormonas cambian a medida que avanzamos en nuestra vida, los síntomas se vuelven más habituales con el tiempo. Solía pensar que envejecer era algo que les ocurría a las personas de ochenta años. Ahora sé que todos envejecemos, da igual nuestra edad. Las hormonas deben siempre adaptarse a los cambios diarios acumulativos. Todos nos enfrentamos a traumas y enfermedades. Las mujeres se enfrentan a transiciones adicionales con el embarazo y la menopausia. Las hormonas cambian a medida que creces. Cambian y te cambian.

Por supuesto, no todos los síntomas son hormonales; la salud es más compleja. Sin embargo, los síntomas hormonales se suelen ignorar. Los pacientes les hablan a los médicos de estos síntomas, pero rara vez reciben una solución eficaz. El desequilibrio hormonal causa esos síntomas molestos porque las hormonas son las encargadas de controlar el cuerpo: lo bien que generamos energía, quemamos calorías, eliminamos residuos, mantenemos un ritmo diario o reparamos nuestros tejidos. El cuerpo produce más de setenta hormonas principales. Cuando pensamos que cada una tiene múltiples derivados y metabolitos, hablamos de muchos elementos móviles. La tabla que aparece a continuación enumera algunos de los principales y el papel que juegan.

Hormonas y sus funciones en el cuerpo

Si parece que las hormonas lo hacen todo, ¿cómo saber si los síntomas son hormonales?

HORMONA	ORIGEN	TAREAS
Andrógenos: DHEA y testosterona	Glándulas suprarrenales Testículos	Crecimiento Reparación muscular Reproducción
Estrógenos: estrona, estradiol y estriol	Tejido adiposo Glándulas suprarrenales Ovarios Placenta	Crecimiento óseo Menstruación Reproducción
Leptina	Tejido adiposo	Hambre Metabolismo
Melatonina	Glándula pineal	Ritmo circadiano Regulación de la respuesta inmunitaria
Hormonas pancreáticas endocrinas: glucagón, insulina y somatostatina	Páncreas	Regulación del nivel de azúcar en sangre
Hormonas del estrés: cortisol, cortisona y pregnenolona	Glándulas suprarrenales Hígado	Ritmo circadiano Regulación de la glucosa Inflamación
Hormonas tiroideas: T3 y T4	Glándula tiroidea	Metabolismo basal Reparación de la queratina Conducción del sistema nervioso

Síntomas hormonales

Dado que las hormonas regulan cada aspecto químico del cuerpo, pueden causar casi cualquier síntoma imaginable. Sin embargo, algunos son más habituales que otros. Entre los síntomas más comunes que indican un desequilibrio hormonal están:

- Aumento de peso
- Dolor muscular
- Fatiga
- Depresión
- Rostro hinchado
- Insomnio
- Debilitamiento del cabello
- Falta de libido
- Sofocos
- Sensibilidad al frío
- Ansiedad
- Estrías
- Hambre anormal
- Crecimiento graso en la espalda
- Manchas oscuras en la piel

Ésos son muchos de los posibles síntomas. El problema con una lista tan larga es que nadie los tiene todos, pero casi todos tenemos alguno. Algunos síntomas son más predictivos que otros.

Los síntomas más significativos de un desequilibrio hormonal

Con el paso de los años, he compartido encuestas en línea con cientos de miles de personas, en las que les preguntaba qué síntomas les resultaban más molestos. Había cinco de ellos que aparecían una y otra vez porque las personas con un desequilibrio hormonal siempre tienen al menos uno de ellos:

- Aumento de peso
- Fatiga
- Sofocos
- Niebla mental
- Insomnio

Cualquiera de estos puede suponer un gran problema al enfrentarse a él y causar angustia y aflicción. Puede interponerse en tus objetivos e impedir que disfrutes de la vida que te mereces. Un único síntoma puede ser un problema real, pero la mayoría de las personas con un desequilibrio hormonal experimenta más de uno. Muchas tienen los cinco síntomas.

AUMENTO DE PESO

En todos los cuestionarios que he llevado a cabo, el aumento de peso es el síntoma número uno con diferencia. Es la queja más habitual. La otra característica del aumento de peso es que puede empeorar los demás síntomas. El peso extra cansa. Las mujeres más gruesas tienen peores sofocos. El aumento de peso disminuye la memoria. La grasa del estómago puede dificultar la respiración por la noche, lo que contribuye a una peor calidad del sueño.

Creo que gran parte de la medicalización relacionada con el peso del cuerpo no es productiva, pero unos hábitos sanos llevan a una disminución del riesgo, aunque no se traduzcan en una pérdida del peso. Perder peso es difícil y muchos no lo logran a pesar de intentarlo repetidas veces. Aun así, merece la pena probar, ya que puede mejorar tu calidad de vida.

Todos estos síntomas se pueden conectar entre sí, pero el aumento de peso se encuentra en el centro. Si el peso es uno de los síntomas con el que te estás peleando, este libro es el mejor punto de partida. Tienes más información sobre posibles culpables de ese aumento de peso, estrategias eficaces, menús de comidas y recetas en los capítulos 3, 8 y 9.

FATIGA

Todos nos cansamos a veces, pero, para algunas personas, ese «a veces» se convierte en «siempre». Un patrón común es que la somnolencia de media tarde se vuelve mucho peor, empieza antes y aumenta su duración. Quizás dependas cada vez más de la cafeína y los dulces para incrementar tu energía cuando la necesitas.

Desde el punto de vista médico, no se suele abordar la fatiga si no se encuentra una causa clara. Si dura más de seis meses y es tan grave que te impide hacer la mitad de las actividades, se etiqueta como el síndrome de fatiga crónica. Recibir este diagnóstico quizás te dé acceso a la incapacidad médica, pero no sirve de nada a la hora de tantear tratamientos.

La fatiga puede también empeorar el aumento de peso porque es más difícil permanecer activo. También puede afectar al estado de ánimo porque te priva de aspectos esenciales como el ejercicio o la socialización. Tienes más información sobre posibles causas de la fatiga, estrategias nutracéuticas, menús y recetas en los capítulos 4, 8 y 9.

SOFOCOS

¿Cómo sabes que sufres sofocos? Dicen que, si estás enamorado, lo sabes. Los sofocos son iguales; si los tienes, lo sabes. Por lo general, duran entre varios segundos y unos minutos. Durante ese tiempo, notas la piel ardiendo, el rostro y el cuello se te pueden enrojecer y quizás empieces a sudar. Básicamente, el desequilibrio en los estrógenos confunde al termostato de tu cuerpo.

Los sofocos son bastante malos a cualquier hora del día, pero, por la noche, pueden impedirte dormir. Los llamamos «sudores nocturnos». También pueden provocar una ansiedad constante porque nunca sabes cuándo vas a sufrir el siguiente. Por supuesto, los nocturnos pueden influir en gran medida en los problemas del sueño.

Los sofocos pueden ser síntomas de problemas médicos más graves como infecciones crónicas o tumores malignos. No obstante, si eres una mujer entre treinta y muchos y cincuenta y tantos, los sofocos no conllevan necesariamente otro problema. Si tienes otra edad o género y sufres sofocos graves, habla con tu médico para averiguar cuál es la causa.

Tienes más información sobre estrategias eficaces para los sofocos, menús de comidas y recetas en los capítulos 6, 8 y 9.

NIEBLA MENTAL

Sí, a todos se nos olvidan las llaves de vez en cuando. Sin embargo, cuando la memoria falla con mayor frecuencia, se vuelve inquietante. Las llaves extraviadas, los nombres olvidados y las citas perdidas son indicios de que algo quizás vaya mal. Merece la pena prestar atención si lo que parecen pequeños lapsus suceden a todas horas.

La niebla mental es común en aquellos que sufren anemia, enfermedades tiroideas o niveles de azúcar inestables. También puede ser un efecto secundario de algún medicamento. Habla con tu médico sobre la niebla mental y asegúrate de mencionar si comenzó tras empezar un nuevo tratamiento. Nuestro cerebro y nuestros músculos utilizan energía de manera parecida. La niebla mental y la fatiga suelen ir de la mano. A menudo, la niebla mental es una consecuencia de la falta de sueño o del peso extra.

Puedes leer más sobre estrategias eficaces para combatir la niebla mental, así como menús de comidas y recetas en los capítulos 5, 8 y 9.

INSOMNIO

Este síntoma puede incluir muchas variantes: dificultad para quedarse dormido, para permanecer dormido o sueño no reparador. No puedes vivir bien si no duermes bien. Tiendes a la provocación y tienes la mecha más corta. No te recuperas bien después de hacer ejercicio. Tu cuerpo no logra gestionar los niveles de azúcar en sangre.

La falta de sueño puede empeorar el aumento de peso, la fatiga y la niebla mental. Puedes leer más sobre estrategias para enfrentarte al insomnio, menús de comidas y recetas en los capítulos 7, 8 y 9.

Por muy graves que sean los síntomas, debes saber que la comida puede ser la solución. Nuestro cuerpo depende de los fitonutrientes de la comida para mantener el equilibrio hormonal. Estas recetas te ayudarán a utilizar los alimentos de forma estratégica para recuperar el equilibrio. La salud que quieres quizás esté al alcance de tu tenedor y tu cuchillo.

También tienes acceso a la página de recursos en los que se basa este libro. En ella encontrarás mis vídeos de cocina, listas de la compra imprimibles, guías nutracéuticas y mucho más. Puedes encontrarla en www.hormonehealingcookbook.com/resources

Problemas de salud que pueden afectar a las hormonas

Además de la edad y los factores estresantes de la rutina, hay varios problemas médicos que pueden afectar a las hormonas. Es bueno tenerlos en cuenta porque, si se ignoran, te impedirán mejorar. Aquí te presento algunos a los que debes prestar atención.

HIPOADRENIA

Desde mediados de los noventa, se la conoce inapropiadamente como «fatiga suprarrenal». En un intento por corregir dicho término, el mundo de la medicina convencional se ha sobrepasado y ha fracasado a la hora de reconocer un fenómeno real. El problema médico se llama desregulación del eje hipotalámico-hipofisario-suprarrenal. El hipotálamo, la pituitaria y las glándulas suprarrenales desempeñan un papel decisivo en la respuesta del cuerpo al estrés y, en conjunto, se conocen como el «eje HHS».

Cuando el estrés crónico se prolonga demasiado y de forma significativa, el eje HHS se desequilibra y se activa con demasiada frecuencia. Los elementos estresantes más leves lo estimulan de un modo que, por lo general, se reserva a los elementos estresantes más graves. También se vuelve incapaz de mitigar su respuesta al estrés y de permitir que el cuerpo entre en un estado parasimpático de recuperación. Este problema empeora casi cualquier síntoma existente y aumenta el riesgo de sufrir muerte prematura y muchas enfermedades crónicas.

La desregulación del eje hipotalámico-hipofisario-suprarrenal, también llamada simplemente «hipoadrenia», suele manifestarse con niveles erráticos de energía, sobre todo cuando empeoran o mejoran en momentos fijos del día. Los niveles de energía pueden ir acompañados de síntomas como la falta de sueño o el aumento de peso en la zona media del cuerpo. Como se ha mencionado antes, aunque se suele usar el término «fatiga suprarrenal», las personas con estrés crónico a menudo tienen una baja función suprarrenal. El estrés no «desgasta» las glándulas suprarrenales, pero sí que provoca que el cuerpo las ponga en pausa.

De forma deliberada, el cuerpo ralentiza las glándulas suprarrenales para darles la oportunidad de curarse. Quizás parezca una distinción sutil, pero los que creen que las glándulas suprarrenales se sienten «cansadas» suelen prescribir pastillas que contienen cortisol o intentan elevar tus niveles de cortisol con otros tratamientos. Es evidente que no lo han entendido bien, pero por desgracia ese tratamiento sólo aportará al cuerpo más cantidad de la sustancia de la que desea desprenderse.

Para aquéllos a los que se les ha diagnosticado hipoadrenia grave, pueden resultarles útiles las estrategias de mi libro *The Adrenal Reset Diet*. Muchas personas pueden revertir este trastorno en sólo unos meses.

ESTEATOSIS HEPÁTICA TEMPRANA

La enfermedad del hígado graso quizás sea el problema más común del que nadie sabe nada. Es muy probable que la gran mayoría de los que tienen dificultades para perder peso sufran de dicho problema y sólo un pequeño porcentaje reciba un diagnóstico. Cuando la grasa se acumula en el hígado, es fácil que afecte al equilibrio hormonal mucho antes de que se vuelva lo bastante grave para diagnosticarse.

La esteatosis hepática temprana ralentiza de forma brusca el metabolismo. La buena noticia es que las enfermedades del hígado suelen encontrarse entre los problemas más fáciles de revertir. Los que sospechan que la sufren pueden seguir el proceso de mi libro *La dieta* reset *del metabolismo* (Ed. Obelisco).

DISFUNCIÓN TIROIDEA

Como muchas enfermedades, la disfunción tiroidea oscila en un espectro. Muchos no tienen una disfunción grave, pero tampoco una función óptima. En esos casos, un cambio en la función tiroidea puede provocar muchos síntomas, sobre todo el aumento de peso, la fatiga y la pérdida de pelo.

En estudios recientes se ha demostrado que el 80 % o más de las enfermedades tiroideas graves se pueden revertir con la dieta. Los que sufren una disfunción tiroidea leve tienen aún una mayor oportunidad de recuperación. Gran parte de la solución depende de la curiosa relación entre la glándula tiroidea y el yodo. Resulta que hay una pequeña variedad de yodo que puede revertir el desequilibrio del tiroides. *The Thyroid Reset Diet* es un recurso útil para aquellos que tienen o intuyen que sufren un problema en la glándula tiroidea. Proporciona planes dietéticos basados en las últimas pruebas sobre la reversión de enfermedades.

¿Recetas o *resets*?

Si tienes o sospechas que sufres uno de los problemas anteriores, ¿deberías empezar por este libro de cocina o por una de mis obras anteriores? No tienes por qué elegir. Este libro de cocina se puede usar para complementar las recetas de los demás. Cada uno de estos libros tiene un plan de 28 días con el que se persigue un objetivo específico: la recuperación de la hipoadrenia (*Adrenal Reset Diet*), la reparación de un metabolismo lento y de la esteatosis hepática (*La dieta* reset *del metabolismo*) y la reversión de enfermedades tiroideas (*Thyroid Reset Diet*). Estos libros contienen sus propias recetas, pero ¡nunca son demasiadas!

Basta con que sigas el programa del libro adecuado y añadas las recetas de éste que se ajusten a él. La mayoría de dichas recetas funcionan en todos los programas tal y como se presentan. Algunas requieren una mínima modificación, pero en todas he indicado si es necesaria y cómo hacerla. Cuando hayas completado el programa *reset* del libro que estés siguiendo, puedes utilizar estas recetas para tu plan de mantenimiento o, si continúan los síntomas, probar con uno de los menús bisemanales de este libro de cocina para combatirlos. Da igual cómo decidas empezar, lo importante es tener en mente que posees la capacidad de mejorar tu salud a través de la dieta. Estos síntomas pueden impedir que muchas personas disfruten todo lo posible de su vida, pero no tiene por qué ser así.

Cambiar de dieta es difícil sólo si debes dejar de lado los alimentos deliciosos. No es tan complicado cuando aprendes a hacer nuevas recetas que te gustan incluso más que las que tomabas antes.

CAPÍTULO 2

Comida y hormonas

Nuestro cuerpo tiene un sistema complejo de hormonas que regulan todos los procesos y nos mantienen saludables. Si las hormonas hacen bien su trabajo, nos sentimos genial. Cuando pierden su capacidad de regularse, nos topamos con dificultades. Te ayudaré a deshacerte de los síntomas y a recuperar el equilibrio de tus hormonas.

¿Cómo cumplen las hormonas su función y por qué no siempre lo hacen? No es difícil imaginarse las hormonas como saborizantes en nuestra sangre. En esta analogía, la combinación de las hormonas crea el sabor que prueban las células. En el cerebro hay un órgano diminuto que se llama hipotálamo. Es el maestro de cocina que ajusta el sabor de la sangre cada minuto. Imagínatelo como una despensa con cientos de botes de especias diferentes. En lugar de canela, jengibre u orégano, estas especias incluyen hormonas como la tiroidea, estrógenos, cortisol, glucagón, testosterona, insulina, melatonina, leptina y progesterona.

El hipotálamo controla las reacciones químicas del cuerpo y decide lo que necesitan las células para empezar a hacer algo, para dejar de hacerlo, para acelerar su actividad o para ralentizarla. Aporta sabor a la sangre con hormonas que las mantienen equilibradas. ¿Cómo funciona? Imagínate que es un lunes por la mañana.

Bip. Bip. Bip. Son las 5:30 de la madrugada. Estás profundamente dormido, a lo tuyo, cuando de repente suena la alarma. El hipotálamo advierte que necesita activar tu cuerpo, por lo que obliga a las glándulas suprarrenales a liberar cortisol. A esto se le llama «respuesta del cortisol al despertar» y ayuda al cuerpo a utilizar las hormonas tiroideas. A las 4 de la madrugada, el tiroides ha desprendido su lote diario principal de T4 y T3. La descarga de cortisol permite que las hormonas tiroideas penetren en las células y activen sus mitocondrias para generar energía. La respuesta del cortisol al despertar también elimina toda la melatonina de la glándula pineal para que puedas permanecer despierto. Dado que no estabas preparado para levantarte, tardarás unas horas en sentir sus efectos. Mientras tanto, necesitas un café desesperadamente.

Cuando la cafeína penetra en el cuerpo alrededor de las seis, empuja al páncreas a segregar glucagón, que introduce en el flujo sanguíneo todo el azúcar acumulado para que estés alerta mientras se activan los sistemas. El almidón resistente que procede de las patatas de anoche sigue evitando que sufras una reacción exagerada a esta descarga de azúcar en sangre. Si no, la dosis extra provocaría que tu páncreas produjera demasiada insulina durante todo el día, dejándote en modo «acumulación de grasa». El hipotálamo sabe que has sufrido altos niveles de estrés en el trabajo últimamente. De camino a la oficina a las 7:30, produce más DHEA de la normal. Ésta colaborará con los polifenoles de los arándanos que has tomado para evitar que el extra de cortisol te dañe las neuronas.

Todo esto es una muestra diminuta de las acciones que lleva a cabo tu cuerpo durante unas cuantas horas de un único día. Si pudiéramos dar más detalles, veríamos que todas estas hormonas y alimentos interactúan entre sí de forma constante. Lo hacen, seamos conscientes o no. Tu cuerpo posee muchos sistemas internos que regulan sus hormonas, pero los procesos pueden ir mal. Hay cuatro factores principales que las desequilibran: el estrés, un exceso de comida, las enfermedades crónicas y el envejecimiento, tres de los cuales se describen a continuación. En el capítulo 3, hablaremos de por qué y cómo el exceso de comida afecta al equilibrio hormonal.

Estrés

A menudo se asume que el estrés se produce por causas externas: un entorno laboral difícil, una relación turbulenta o una vida doméstica inestable. Estos factores pueden causar estrés, pero no son los únicos. Cualquier cosa que desequilibre el cuerpo es fuente de estrés, como:

- Sentir demasiado frío o calor
- Retrasos en los horarios de las comidas
- Hipocondría
- Cambios en los horarios del sueño
- Niveles anormales de azúcar en sangre
- Dolor crónico
- Poco tiempo al aire libre
- Aislamiento social

Este tipo de cuestiones se acumulan y aumentan la carga total de estrés. A cuantos más factores estresantes nos enfrentemos, mayor será la carga total. Todos tenemos una capacidad limitada para mantener los nervios al estar sometidos a estrés. Pasado cierto punto, no nos recuperamos, nos rompemos. Cuanto más nos acerquemos a dicho punto, más síntomas sufriremos. El estrés incrementa la producción de cortisol, lo que afecta a nuestros niveles de azúcar en sangre y aumenta la inflamación. La comida puede revertir ambos efectos y, por lo tanto, reducir el daño del estrés. Ingredientes específicos como el almidón resistente de las judías estabilizan el nivel de azúcar en sangre. Otros, como los polifenoles de las espinacas, reducen la inflamación.

Aprender a combinar alimentos durante las comidas también será útil. He creado estos menús mezclando verduras, proteínas e hidratos de carbono saludables. Contar con niveles estables de azúcar en sangre es esencial para el equilibrio hormonal. Si el azúcar en sangre aumenta demasiado rápido o baja demasiado lento, tu cuerpo hará contorsionismo con sus hormonas para recuperar el funcionamiento adecuado. Esas correcciones drásticas son útiles, pero a menudo producen un efecto rebote que dura días.

Las comidas con proteínas magras, carbohidratos saludables y verduras proporcionan glucosa como parte de una mezcla que se absorbe con lentitud en tu flujo sanguíneo.

Evita altibajos y permite que el metabolismo del cuerpo funcione de forma correcta. También se incluyen grasas, pero no necesitamos prestarles demasiada atención porque es fácil adquirir la cantidad necesaria. Encuentran su camino sin problemas.

Enfermedades

Cuando los procesos se desequilibran, el cuerpo actúa para recuperar la normalidad, pero este esfuerzo añadido puede ser perjudicial. Tomemos como ejemplo la tiroiditis de Hashimoto. El sistema inmunitario reconoce una disfunción en las células tiroides y las consume para dejar espacio a nuevas células. Sin embargo, demasiado yodo puede confundir al sistema inmunitario, lo que le lleva a dañar células tiroideas saludables. Una respuesta que suele ser de ayuda acaba siendo perjudicial.

La diabetes es la enfermedad más común que altera directamente los niveles hormonales. Otras son el síndrome de ovarios poliquísticos, la enfermedad de Addison y el fallo ovárico precoz (insuficiencia ovárica primaria).

Los alimentos saludables suelen prevenir enfermedades e incluso curarlas. En estudios recientes se ha demostrado que hay muchas maneras de revertir con la dieta las enfermedades tiroideas y la diabetes. Quizás parezcan exageraciones, pero se respaldan con pruebas evidentes. En un determinado estudio, sólo el cambio de dieta revirtió la diabetes del 72 % de los participantes en ocho semanas.[1] Las tomografías computarizadas mostraron que sus páncreas habían cambiado físicamente y la enfermedad ya no estaba presente. Tres meses después, se mantenían los resultados. En otro estudio, se probó una intervención dietética con personas que sufrían serias enfermedades tiroideas desde hacía cuatro años de media, pero que no estaban tomando medicación para tratarlas. Al cabo de tres meses de tratamiento dietético, el 78,3 % recuperó la función normal del tiroides.[2]

Envejecimiento normal

Todos los niveles hormonales cambian con la edad, algunos más que otros. Hombres y mujeres de sesenta y tantos años tienen muchos menos estrógenos y testosterona que los de treinta. Si el cambio es gradual, se pueden adaptar y no lo perciben, pero a veces la transición es rápida. Los altibajos hormonales erráticos pueden producir sofocos, fatiga e insomnio. Cuando los niveles de hormonas se desequilibran, perdemos resistencia. Gozar de buena salud sigue siendo posible, pero se vuelve más difícil darla por sentado.

La mayoría de las personas pueden vivir sin preocuparse demasiado por su salud hasta los cuarenta o cincuenta. Sin embargo, llegados a este punto, nos convertimos en pacientes perpetuos o en enamorados de la salud. Es posible que ambos tipos se enfrenten a episodios médicos como enfermedades o intervenciones quirúrgicas que suponen cierto riesgo. Es más probable que los que cuentan con menos resistencia desarrollen complicaciones. Los diagnósticos y los medicamentos empiezan a acumularse. Pronto, la vida se convierte en una larga serie de visitas al médico.

Las enfermedades crónicas pueden acortar varios años nuestra vida. Una diferencia aún más evidente es la calidad de nuestras últimas décadas. Muchos perdemos la capacidad de disfrutar de las actividades más básicas, como un paseo, una buena comida o estar presentes cuando estamos con nuestros seres queridos. Nuestra vida es el tiempo que vivimos, pero depende de nuestra salud lo mucho que la vivimos.

La otra opción es enamorarlos de la salud, tratarla como una afición. Disfrutamos de pasar tiempo haciendo ejercicio recreativo, cocinando y prestando atención a la educación sanitaria. Los enamorados de la salud viven algunos años más. Sin embargo, su salud se puede extender incluso décadas. Los estudios demuestran que los ancianos más saludables viven tan bien como aquéllos con treinta o cuarenta años menos. ¿Cómo cambia la comida todo este proceso?

¿Cómo ayuda la comida a las hormonas?

Dependemos de las hormonas, igual que nuestra comida. Las plantas generan compuestos para regular sus propias hormonas, así como las de las demás plantas e insectos. Cuando ingerimos esos compuestos, además de vitaminas, minerales y proteínas, hacemos un buen trabajo para equilibrar nuestras propias hormonas.

FITONUTRIENTES

La nutrición humana es una ciencia sorprendentemente joven. Las vitaminas se descubrieron hace sólo un siglo. Se descubrió que ciertas sustancias de la comida eran necesarias y un déficit total de éstas podía ser letal. Estas sustancias pasaron a llamarse nutrientes esenciales.

Algunos llevaron esta idea a lo que parece la conclusión más lógica: se podía definir si una dieta era o no saludable sólo por la presencia de nutrientes esenciales. Una dieta saludable proporcionaba dichos nutrientes y una no saludable no. Ninguna otra variante era relevante. Si esta idea fuera cierta, alguien que se alimentara de comida basura, pero tomara un compuesto multivitamínico básico sería tan saludable como cualquier otra persona. Sin embargo, sabemos que no es así.

Los expertos en nutrición aceptan que los alimentos vegetales mínimamente procesados contienen compuestos que mejoran la salud, aunque no se consideren esenciales. Dichos compuestos se conocen como fitonutrientes. Aquí te presento varias de las categorías principales de fitonutrientes y sus beneficios para la salud.

Carotenoides

Los carotenoides son pigmentos coloridos que se encuentran en una amplia variedad de frutas y verduras. Actúan para neutralizar los radicales libres y evitar que las células se dañen. Los estudios muestran que las dietas ricas en carotenoides reducen el riesgo de degeneración macular. Además, los carotenoides disminuyen las posibilidades de sufrir cáncer pulmonar y colorrectal.

Compuestos azufrados

El elemento azufre es un componente esencial del colágeno y la queratina. Por eso, las dietas ricas en compuestos azufrados se relacionan con un pelo, piel y uñas más saludables. Los compuestos azufrados también se utilizan en reacciones del hígado que eliminan la acumulación hormonal, de forma que las hormonas se mantienen equilibradas a un nivel saludable.

Fenoles

Los compuestos con anillos aromáticos y grupos hidroxilos se conocen como fenoles. La palabra «aromáticos» tiene aquí un significado más científico, pero también se aplica el habitual. Los fenoles contribuyen al aroma y al sabor de las comidas. Las plantas generan fenoles para protegerse de los rayos solares, los depredadores y las infecciones. Cuando las comemos, nos ayudan de la misma manera. También están involucrados en la regulación de hormonas y los niveles de azúcar en sangre.

Fitoesteroles

Fito significa «planta» y *esterol* hace referencia a una hormona procedente de un anillo de esteroides. Nuestras hormonas esteroideas incluyen todas las hormonas de las glándulas suprarrenales, los ovarios y los testículos. Los fitoesteroles son lo bastante parecidos a nuestros esteroles como para ayudar a nuestro cuerpo a hacer un mejor uso de ellos. Las dietas ricas en fitoesteroles ayudan a nuestro cuerpo a generar las cantidades adecuadas de esteroles, dirigirlos a los receptores celulares más adecuados y dividirlos de manera eficaz con una menor acumulación, lo que sería perjudicial. Así equilibramos nuestras hormonas.

En estudios recientes y meticulosos, se muestra que las dietas con más cantidad de fitonutrientes nos ayudan a vivir más y mejor. Regulan las hormonas, reducen el riesgo de enfermedades crónicas, ayudan a controlar el peso corporal y mejoran la función neuronal.[3] Los fitonutrientes no obligan al cuerpo a producir más o menos cantidad de algún elemento, sino a controlarse de forma más eficaz. Dado que los fitonutrientes ayudan a que el cuerpo consiga un equilibrio, ni siquiera hace falta que sepas de qué hormonas tienes un exceso o un déficit. La comida sigue siendo útil. Para elegir las recetas adecuadas, sólo necesitas conocer qué síntomas son más graves.

¿Por qué no basta con tomar suplementos con fitonutrientes?

Es tentador pensar que podemos tomar el ingrediente mágico y reducirlo a una pastilla. Algunos decían que las cebollas eran saludables porque contenían quercetina, pero en los estudios se muestra que los suplementos de quercetina no aportan los mismos beneficios que las cebollas. Infinitas investigaciones más muestran que los suplementos alimenticios no son lo mismo que la comida. ¿Por qué?

Estudiar los componentes alimenticios es útil porque es más fácil. Podemos estudiar dichos compuestos en probetas y modelos animales. Estos análisis preliminares se pueden usar para inspirar estudios más exhaustivos con humanos sobre la comida, pero no podemos esperar que los fitonutrientes por sí solos actúen de la misma manera que los alimentos. Echar un vistazo preciso y reduccionista nos puede ayudar a predecir qué alimentos son más saludables, pero dividirlos en sus compuestos sigue sin aportar los mismos beneficios que comer el alimento en sí.

No sólo la comida entera es mejor que la fraccionada, sino que creo firmemente que los ingredientes del día a día son mejores que los superalimentos exóticos. Mis elecciones principales se basan en aquéllos de los que ya hemos oído hablar y sabemos dónde encontrarlos. Además de las cebollas, mis ingredientes favoritos son, entre otros, la avena, las zanahorias, las espinacas, el ajo, los higos y las naranjas. Las recetas se organizan según los cinco síntomas principales del desequilibrio hormonal: el aumento de peso, la fatiga, la niebla mental, los sofocos y el insomnio. Cada síntoma tiene su menú bisemanal que se centra en las recetas clave destinadas a combatirlo.

Puedes elegir las recetas que te gusten u optar por un plan de dos semanas para centrarte en un síntoma concreto.

Fitonutrientes

CATEGORÍA	CAROTENOIDES	COMPUESTOS AZUFRADOS
EJEMPLOS	Alfa-caroteno Astaxantina Beta-caroteno Beta-criptoxantina Licopeno Luteína Zeaxantina	Alicina Dialil disulfuro Glucosinolatos Metilsulfonilmetano (MSM) Sulforafano Tiosulfato
FUENTES ALIMENTICIAS	Melón Zanahorias Col rizada Mangos Calabaza cucúrbita máxima Gambas Espinacas Calabaza cacahuete Batatas Tomates	Almendras Brócoli Arroz integral Coles de Bruselas Repollo Coliflor Ajo Puerros Lentejas Avena Cebollas
BENEFICIOS	Disminuyen el riesgo de cáncer Mejoran la salud ocular	Sanan el tejido conjuntivo Regulan las hormonas

comunes

FENOLES	FITOESTEROLES	OTROS
Curcumina Galato de epigalocatequina (EGCG) Flavonoides Ácido gálico Lignano Proantocianidinas Resveratrol Ácido tánico	Beta-sitosterol Campesterol Estanol Estigmasterol	Capsaicina Grasas esenciales Nitratos Melatonina Almidón resistente
Albahaca Aceitunas negras Alcaparras Semillas de apio Clavos Pasas Jengibre Orégano Menta Frambuesas Romero Té	Anacardos Aceite de colza Semillas de lino Pistachos Harina de centeno Semillas de sésamo Nueces Germen de trigo Trigo integral	Cayena Semillas de girasol Remolacha Pistachos Patatas
Reducen la inflamación Mejoran la circulación Regulan el nivel de azúcar en sangre	Reducen el colesterol Previenen las enfermedades cardíacas	Potencian el metabolismo Mejoran la flora intestinal Aumentan el oxígeno en los tejidos

CUESTIONARIO

Tus primeras dos semanas

Si tienes varios síntomas, ¿por dónde deberías empezar? Aquí te dejo un rápido cuestionario con el que ayudarte a decidir. No debería llevarte más de dos minutos completarlo.

CUESTIONARIO SOBRE EL DESEQUILIBRIO HORMONAL

Responde sí o no a cada pregunta. Suma el número total de respuestas afirmativas en cada sección.

SECCIÓN A

1. Mi peso ha cambiado de forma drástica en los últimos años. S/N
2. Suelo comer más de lo que planeo. S/N
3. Comer saludable no me ayuda a bajar de peso. S/N
4. Dado lo poco que como, no debería pesar lo que peso. S/N
5. Hago más ejercicio que mis amigos, pero ellos están más delgados. S/N

NÚMERO TOTAL DE RESPUESTAS AFIRMATIVAS ____

SECCIÓN B

1. Necesito el café más que antes. S/N
2. Por la tarde, estoy demasiado cansado para hacer algo productivo. S/N
3. Si intento hacer todo lo que debo, me siento agotado durante días. S/N
4. Evito actividades sociales porque no tengo energía suficiente. S/N
5. Mis días preferidos son aquéllos en los que puedo descansar todo lo que deseo. S/N

NÚMERO TOTAL DE RESPUESTAS AFIRMATIVAS ____

SECCIÓN C

1. Mis períodos se han interrumpido o se han vuelto impredecibles. S/N
2. Suelo sentirme lleno o hinchado. S/N
3. A veces, siento los pechos abultados o sensibles. S/N
4. Sufro sofocos. S/N
5. Mi deseo sexual es bajo o impredecible. S/N

NÚMERO TOTAL DE RESPUESTAS AFIRMATIVAS ____

SECCIÓN D

1. Tengo dificultades para recordar nombres. S/N
2. Elaboro más listas y notas porque me da miedo olvidar algo. S/N
3. A veces, entro en una habitación y se me olvida por qué estoy ahí. S/N
4. Mis seres queridos me dicen que me repito más. S/N
5. No paro de perder las llaves o el móvil. S/N

NÚMERO TOTAL DE RESPUESTAS AFIRMATIVAS ____

SECCIÓN E

1. Tardo demasiado en dormirme. S/N
2. Me despierto en mitad de la noche y no logro volver a dormirme. S/N
3. Aunque duermo bastante, no me siento recuperado. S/N
4. Si me siento sin moverme por la tarde, lo más probable es que me quede dormido. S/N
5. Tan pronto como me acuesto, mi mente se acelera. S/N

NÚMERO TOTAL DE RESPUESTAS AFIRMATIVAS ____

SECCIÓN	SÍNTOMA	TU PUNTUACIÓN
A	Peso	
B	Fatiga	
C	Sofocos	
D	Niebla mental	
E	Insomnio	

¿Por dónde empezar?

- Si la puntuación de una sección es más alta que las demás, empieza por ese síntoma.
- Si las cinco secciones presentan puntuaciones altas, comienza por el peso.
- Si algunas secciones presentan puntuaciones similares, elige el síntoma que hayas tenido durante más tiempo.

Si tienes varios síntomas con puntuación a partir de 3, repite el cuestionario después del desafío de tus dos primeras semanas. Quizás los síntomas hayan cambiado y algunos hayan mejorado más que otros. Tu nueva puntuación te presentará un nuevo desafío o te sugerirá que repitas el último. Los síntomas persistentes quizás sigan presentes tras varios desafíos. Cuando empieces uno nuevo o repitas el último, comienza enseguida con el plan bisemanal. No es necesario que te tomes un descanso para empezar con el siguiente.

En la próxima sección, dedicaré un capítulo a cada síntoma principal: peso, fatiga, niebla mental, sofocos e insomnio. En cada capítulo, explicaré con más detalle cómo es ese síntoma y qué le ocurre a tu cuerpo. Exploraré qué alimentos pueden ayudarte a combatirlo y cómo actúan.

Dado que el peso es el síntoma que sirve de detonante principal para los demás, empezaremos con él.

PARTE 2

SÍNTOMAS ESPECÍFICOS

CAPÍTULO 3

Peso

Hablamos del peso como el inconveniente principal, pero el auténtico problema es la grasa, sobre todo la que se acumula en los lugares equivocados. Ojalá pudiéramos hacer desaparecer la palabra «grasa» y empezar de nuevo.

Lo digo por dos razones. En primer lugar, la palabra ha provocado demasiado dolor emocional. En segundo lugar, hace referencia a múltiples aspectos distintos. El término «grasa» nombra a las células adiposas del cuerpo, a los nutrientes dietéticos también conocidos como lípidos y a los triglicéridos que portan energía por nuestro flujo sanguíneo.

La grasa en sí no es mala. De hecho, es esencial para nuestra salud. Necesitamos grasa en nuestra dieta y un poco en nuestro cuerpo. Sin embargo, un exceso puede provocar síntomas persistentes y reducir nuestra esperanza de vida. ¿Cómo sabes si tienes demasiada? La forma más sencilla es calcular el índice cintura-altura. Mide en centímetros el perímetro de tu cintura y divídelo entre tu estatura también en centímetros. Si la respuesta es mayor de 0,5, quizás acumules cantidades insanas de grasa.

Aquí te muestro un ejemplo rápido: imagina que una mujer de 1,65 metros tiene una cintura cuyo perímetro mide 76,2 centímetros (1,65 m = 165 cm; 76,2/165 = 0,46). Está bien. Ahora, imaginemos un hombre que mide 1,75 metros con un perímetro en la cintura de 91,44 cm (1,75 m = 175 cm; 91,44 cm/175 cm = 0,52). Es demasiado alto. La grasa extra es un riesgo en sí misma incluso cuando otros factores como la presión arterial, el nivel de azúcar en sangre y el colesterol son adecuados. Aumenta el riesgo de muerte temprana provocada por cualquier causa, incluidos cánceres, enfermedades cardíacas, y derrames. Además, está relacionada con riesgos como la colecistitis, la osteoartritis, las enfermedades hepáticas, el envejecimiento cerebral, el hígado graso y las discapacidades.

Debes tener en cuenta que incluso una reducción mínima de grasa disminuye el riesgo de todas estas enfermedades. La mayoría de los beneficios para la salud se obtienen al perder sólo unos kilos. De hecho, reducir sólo 1 gramo de grasa extra en los órganos puede revertir la diabetes tipo 2.[1] Un único gramo contiene la masa aproximada de un clip. La pérdida de grasa no necesita ser importante para ser de mucha ayuda.

La palabra «grasa» puede hacer referencia a una amplia gama de lípidos en la dieta. La mantequilla, el tocino, el aceite de pescado, la margarina, el aceite de colza, el aceite de palma o los aguacates son muy distintos entre sí, pero todos se consideran grasas. También puede hacer referencia al «combustible circulante» en forma de triglicéridos o colesterol. Incluso bajo la piel, hay muchos tipos de grasa corporal. Algunos consumen «combustible» y otros lo almacenan. Algunos mejoran la salud y otros producen inflamación. La grasa corporal puede incluso convertirse de buena a mala o viceversa.

La propia palabra «grasa» es compleja. Desde hace mucho tiempo, ha entrado en la categoría de despectiva.

Nuestra sociedad suele plantear expectativas poco realistas sobre el peso que alguien puede perder y lo fácil que es hacerlo. No es cierto y una pérdida de peso radical y duradera no es lo normal. Incluso en las mejores circunstancias, es difícil, pero un desequilibrio hormonal lo vuelve aún más complicado. Cuando las hormonas de una persona no actúan como deben, el cuerpo se estanca en el modo «almacenamiento» y la grasa permanece adherida.

No obstante, es posible perder suficiente peso para que nos sintamos mejor. Aunque no es fácil, es posible y hay razones válidas para intentarlo. ¿Con qué frecuencia se produce este problema? En los estudios se sugiere que más del 85 % de los adultos sufren *overfat* o exceso de grasa. Es un nuevo término que denomina a aquéllos con más peso del ideal y a los que tienen un peso saludable, pero demasiada grasa y poco músculo.

Nuestra cultura moderna no ayuda. A menudo, las personas tienen dificultades para acceder a alimentos integrales o encontrar formas de ejercitarse. Estos dilemas agravan el estrés de ese peso extra. Además del daño emocional y los riesgos para la salud, la grasa extra puede ser la causa de muchos síntomas persistentes.

Síntomas relacionados con el peso

Los riesgos de la obesidad para la salud son fáciles de entender. Todos conocemos el mayor riesgo de mortalidad, la diabetes, las enfermedades cardíacas, la artritis y muchos cánceres. Sin embargo, a muchos les sorprende saber que el peso extra puede ser el origen de múltiples síntomas molestos. Si no te sientes bien con tu peso, considera si alguno de los síntomas crónicos puede ser una motivación más para probar un nuevo enfoque.

Descubrir la causa

Hay muchos problemas médicos que incrementan las probabilidades de sufrir un aumento de peso. Las enfermedades tiroideas son las principales culpables del desequilibrio hormonal que lleva a un aumento de peso y tienen mayores efectos perjudiciales. Pueden ralentizar el metabolismo hasta un 60 %. Otros síntomas son la apnea del sueño, el síndrome de ovarios poliquísticos (SOP) y el síndrome de Cushing. Si te da la impresión de que estás estancado, pregúntale a tu médico si podrías sufrir estas u otras enfermedades.

La medicación también puede ser parte de la causa. Los antidepresivos, los medicamentos para la diabetes, los anticonceptivos orales y los esteroides son conocidos por su contribución al problema. ¿El aumento de peso ha empeorado tras empezar un nuevo tratamiento? Si es así, pregúntale a tu médico si hay otras opciones disponibles.

¿Cómo pueden ser útiles alimentos concretos?

Los alimentos correctos pueden ayudar a mantener la pérdida de grasa. Ciertos ingredientes pueden potenciar el metabolismo y ayudar a quemar calorías más rápido. Otros pueden saciarte antes, de manera que comas menos de forma natural. Algunos alimentos empujan a tu cuerpo a absorber menos calorías. También pueden mejorar los niveles de inflamación, ayudándote a enviar más energía al tejido muscular y menos grasa. Se ha demostrado que los alimentos siguientes actúan de alguna de las maneras mencionadas.

Para cada ingrediente, comparto varias razones por las que lo he elegido. En la mayoría de los casos, se ha demostrado en ensayos médicos que su uso frecuente lleva a una pérdida de peso. Dado que estos alimentos contribuyen al mismo objetivo, no tienes que comerlos todos los días. Al seguir el menú bisemanal, cada día tomarás varios de los ingredientes útiles.

CAYENA

La pimienta de cayena, el fruto en polvo extraído de la planta *Capsicum frutescens,* es una especia común usada en la cocina. Aporta un toque picante a los platos. ¿Cómo ayuda la cayena a controlar el peso? Gran parte de su efecto se debe a un alcaloide llamado capsaicina que estimula el sistema nervioso simpático para aumentar la temperatura del cuerpo. Cuando el termostato corporal se activa, se produce una serie de procesos útiles:[2]

- Reducción del apetito, aumento de la saciedad
- Mejor consumo de la grasa como combustible
- Incremento de la termogénesis (causada al quemar el cuerpo más combustible)
- Inhibición de la lipasa y la alfa-amilasa (evita que se absorban las calorías)
- Prevención del desarrollo de nuevas células adiposas

Comparados con aquellos que tomaban placebo, los que ingerían cayena perdieron más grasa corporal, quemaron más calorías y la regulación de su azúcar en sangre mejoró en mayor medida.[3] ¿Y si no puedes comer picante? Es tu día de suerte: incluso una pequeña cantidad de cayena es beneficiosa. Puedes optar también por tomarla en forma de suplemento alimenticio.

PATATAS

¿Las patatas te hacen perder grasa? ¿¡En serio!? Si no las comes fritas o de bolsa, sí, merecen un puesto en esta lista.

Hace unos años, el director de la Washington State Potato Commission (Comisión de la Patata del Estado de Washington) estaba molesto por la mala reputación que estaba ganándose la patata en el punto álgido de la locura de las dietas bajas en carbohidratos. Decidió hacer una prueba pública para demostrar que estos tubérculos podían ser saludables. Durante sesenta días, sólo comió patatas, unas veinte cada día. Si las ideas de Atkins sobre los carbohidratos, la insulina y el peso hubieran sido ciertas, debería haber engordado más que nunca. No lo hizo. Tras los sesenta días, perdió 9,5 kilos y su colesterol descendió 67 puntos.[4]

Las dietas con un alto contenido en almidón resistente reducen la grasa del vientre, la insulina y el peso en general. Al tomarlas hervidas o al vapor, las patatas son la mejor fuente conocida de almidón resistente. Tienen más potasio que los plátanos y mucha vitamina C. Además de su almidón resistente, ayudan a perder grasa porque sacian. Caloría a caloría, las patatas disminuyen el apetito de forma más eficaz que cualquier otro alimento.

En un estudio, se le dio a un grupo grande de adultos raciones controladas de un único alimento de prueba tras el ayuno nocturno. Cada ración se ajustó para proporcionar el mismo número de calorías sin importar el alimento. Antes y después de comer, los participantes calificaban el hambre que tenían. Después de que hubieran comido, los investigadores controlaban el tiempo que esperaban para volver a comer y cuánto tomaban en la siguiente comida. Si un alimento saciaba más que otro, una ración del mismo tamaño haría que una persona se sintiera llena durante más tiempo y comiera menos después. En total, se hizo la prueba con 43 alimentos. Según los resultados, se le asignó a cada uno una puntuación de saciedad. Los que mantenían llenos a los participantes durante más tiempo recibían una calificación mayor. A los que los hacían sentir más hambrientos se les otorgaba una puntuación menor.

Alimentos que más sacian

ALIMENTO	PUNTUACIÓN DE SACIEDAD
Patatas	323
Bacalao	225
Avena	209
Naranjas	202
Manzanas	197
Pasta integral	188

Alimentos que menos sacian

ALIMENTO	PUNTUACIÓN DE SACIEDAD
Cruasán	47
Tarta	65
Dónut	68
Chocolatina	70
Cacahuetes	84

Con una puntuación de 323, las patatas se encontraban a otro nivel. El resto de los alimentos no tenía ni de lejos el mismo efecto a la hora de saciar. En el estudio se utilizaron patatas hervidas con sal.[5]

Cuanto mayor sea en tu dieta el contenido de alimentos que sacian, más lleno te sentirás y menos tendrás que comer. Ni un sólo alimento alcanza este objetivo mejor que las patatas.

JENGIBRE

El jengibre, una especia culinaria común, se ve respaldado por multitud de pruebas que demuestran sus beneficios sobre la grasa corporal. Es rico en polifenoles, incluidos el 6-gingerol, el 8-gingerol y el 10-gingerol. Se ha confirmado que estos compuestos, que penetran en el hígado a través de las venas portas, aumentan la termogénesis, disminuyen la acumulación de grasa en dicho órgano, mejoran la sensibilidad a la insulina y regulan el centro del hambre del cerebro.[6]

En un estudio comparativo con placebo y doble ciego, se les dieron cápsulas de jengibre en polvo o placebo a 80 mujeres obesas durante 12 semanas. Comparado con el grupo al que se le dio placebo, las que tomaban jengibre redujeron de forma drástica su índice de masa corporal, así como su grasa.[7] En otros estudios se ha confirmado este efecto y se ha demostrado que el uso regular del jengibre puede causar una disminución en el perímetro de la cintura y la cadera.[8]

Encontrarás jengibre en muchas de estas recetas. Tomar té de jengibre de forma regular también es una forma fácil de añadirlo a tu dieta.

CEBOLLAS

¿Pueden las cebollas ayudarte a perder la grasa del vientre? Ésta, también conocida como grasa visceral, es mortal. Cuando se acumula demasiada grasa en el abdomen, empieza a almacenarse dentro del hígado y el páncreas, lo que produce diabetes. En los estudios con animales, se sugiere que la quercetina, un pigmento vegetal, puede reducir la formación de grasa en el vientre. Sin embargo, ningún estudio confirmaba que fuera así en humanos.

Por eso, un grupo de científicos decidieron comprobar si los alimentos ricos en quercetina ayudaban a varios voluntarios a reducir la grasa del vientre. Optaron por usar cebolla en polvo como fuente de quercetina. Los participantes recibían una cucharada cada día. Los que pertenecían al grupo del placebo obtuvieron la versión con baja quercetina mientras el grupo activo recibió el polvo de cebolla con alta quercetina. No se pidió a ningún participante que cambiara su dieta y se hizo el control de ambos grupos durante 12 semanas.

La grasa total abdominal se redujo de manera drástica en aquellos que recibían polvo de cebolla con alta quercetina. ¿Podría tomar una píldora de quercetina y obtener los mismos resultados? Probablemente no. Los resultados arrojaron más luz sobre las cebollas que sobre la quercetina porque el experimento ayudó incluso a aquellos que tomaban poca cantidad de este pigmento.[9] La piel de las cebollas contiene una cantidad inmensa de fitonutrientes. Prueba a guardarlas para añadirlas a sopas y caldos. En el «Arroz con piel de cebolla», una de las recetas que podrás encontrar en este libro, se utiliza la piel de las cebollas para potenciar el contenido en fitonutrientes del arroz.

Soluciones nutracéuticas

COLINA

La colina es un nutriente esencial que se necesita para convertir las grasas de la dieta en energía. Muchos individuos no logran sintetizarla de forma adecuada y hay una falta de dicho nutriente en muchas dietas. En un ensayo médico con doble enmascaramiento, se les dio a las mujeres suplementos con colina o un placebo durante siete días. No se le pidió a ninguna que modificara su dieta. Al comparar a aquellas que tomaron un placebo con las que recibían colina, éstas vieron reducidos sus niveles de leptina y su grasa corporal disminuyó en un 3%. Estos cambios se produjeron sin sufrir la merma de rendimiento típico de la pérdida de peso.[10]

NIGELLA SATIVA

La *Nigella sativa,* también conocida como comino negro, es una semilla culinaria. Se ha utilizado durante miles de años en la medicina tradicional y es el origen de un aceite de cocina en Oriente Próximo. Tiene propiedades antiinflamatorias e inmunorreguladoras. Dada su larga historia como ingrediente, se considera que es seguro su uso general en una amplia gama de dosis. Las pruebas muestran que la *Nigella sativa* ayuda a perder peso al descomponer de la mejor manera posible la grasa del hígado y aumentar la sensibilidad de las células musculares a la insulina. También puede actuar como inhibidor de la lipasa, reduciendo la absorción de grasa de la dieta.

En un ensayo clínico reciente, se distribuyó de forma aleatoria entre personas con enfermedades tiroideas un suplemento que contenía comino negro o un placebo. Los que recibieron la *Nigella sativa* mejoraron de manera significativa su peso corporal, su índice de masa corporal y el perímetro de su cintura y cadera.[11]

EXTRACTO DE ALUBIA BLANCA

Las alubias blancas (*Phaseolus vulgaris*), similares a las judías *cannellini,* son una rica fuente de almidón resistente. Se ha demostrado que los extractos de alubia blanca ralentizan la absorción de carbohidratos en el flujo sanguíneo. En una revisión reciente de múltiples ensayos clínicos sobre el extracto de alubia blanca, se ha llegado a la conclusión de que facilitó la pérdida de peso en muchos de ellos.[12]

El extracto parece ayudar a reducir la actividad de la enzima amilasa, que descompone los carbohidratos complejos en simples. También reduce el ritmo al que los carbohidratos abandonan el estómago para entrar en el intestino delgado. Además, el extracto de alubia blanca enriquece la flora intestinal. Algunas de estas mejoras tienen beneficios directos sobre el control del peso mientras que otras pueden ayudar en la recuperación de las enfermedades autoinmunes.

Para más información sobre cómo usar estos y otros ingredientes nutracéuticos, visita la página de recursos www.hormonehealingcookbook.com/resources

---

CAPÍTULO 4

Fatiga

¿Alguna vez te sientes cansado sin razón alguna? Si es así, no estás solo. En cualquier momento dado, hasta un 20 % de las personas saludables se queja de sufrir fatiga. En una encuesta reciente entre adultos estadounidenses, se ha descubierto que una mujer promedio se siente cansada de manera anormal tres o más días a la semana.[1]

La fatiga es uno de los problemas más comunes en medicina. Según ciertas estimaciones, es la causa de más del 20 % de las visitas médicas.[2] A pesar de su frecuencia, no se ha encontrado ninguna buena solución. La causa de la fatiga puede ser casi todo y, a la vez, nada. No hay manera de calcularla ni de tratarla de forma eficaz. De hecho, es muy probable que no se informe de esta molestia en muchos casos. Las personas que viven con ella durante mucho tiempo se resignan, en lugar de intentar buscar una mejoría para sus síntomas.

No es fácil definir la fatiga. Los investigadores biomédicos la describen como «un cansancio inusual y abrumador que no es equiparable al agotamiento fisiológico tras un esfuerzo físico o mental y que no desaparece tras un descanso reparador».[3] En otras palabras, se espera cierto cansancio, sobre todo después de hacer un esfuerzo poco habitual. Sin embargo, suele desaparecer cuando nos relajamos. Si nos sentimos cansados sin realizar ningún esfuerzo fuera de lo común y sin que desaparezca con independencia del tiempo de descanso, lo llamamos fatiga.

Como la mayoría de los síntomas del desequilibrio hormonal, la fatiga suele venir acompañada de otros problemas. Cuando estamos cansados, podemos sentirlo de diversas maneras: física, mental o ambas, que es lo más normal. Muchos de los que sufren fatiga se resignan tras un tiempo. No obstante, es peligroso ignorarla. El estudio de EPIC-Norfolk es una investigación continua que sigue, de manera meticulosa, a más de 30 000 personas desde 1993. Los que se sentían más cansados tenían un 89 % más de posibilidades de sufrir una muerte temprana, una cifra que seguía manteniéndose incluso después de que se tuvieran en cuenta las enfermedades. La fatiga que no se trata es más que una molestia.[4]

Los participantes experimentaban fatiga de distintas maneras. Los que tenían más riesgo de sufrir enfermedades eran aquellos cuyo cansancio les impedía ejercitarse. Al entrevistarlos, muchos adultos dijeron que harían más ejercicio si tuvieran más energía.

Causas de la fatiga

La fatiga suele no tener explicación, pero a veces hay una causa específica. Merece la pena intentar encontrarla porque no se suele producir una mejoría a menos que sepas lo que tienes que tratar. Algunas de las enfermedades comunes a tener en cuenta son:

- Anemia
- Déficit de vitamina B_{12}
- Depresión y ansiedad
- Obesidad
- Enfermedades de la paratiroides
- Estrés psicosocial
- Apnea del sueño o insomnio
- Enfermedades tiroideas

¿Cómo sabes si sufres alguna de estas afecciones? Un buen médico estudiará contigo cada posibilidad y recopilará algunos datos con una exploración física. Según cómo respondas, realizará encuestas en busca de ansiedad, depresión o estrés psicosocial; análisis de sangre por si sufres anemia, bajos niveles de B_{12} o alguna enfermedad tiroidea, o un estudio del sueño si sospecha que tienes apnea del sueño.

Aunque no se encuentre la causa, eso no significa que tus síntomas no sean reales. Lo son y las recetas de este libro pueden ayudar a tu cuerpo a producir energía de manera más eficaz. Si se encuentra la causa, sigue los tratamientos sugeridos, pero ten también en cuenta que estas recetas pueden ayudar a que dichos tratamientos den resultado más rápido.

Comer para obtener energía

Es hora de recibir alguna noticia positiva sobre la fatiga. Hay muchas pruebas de que los alimentos correctos pueden ser de gran ayuda, con independencia de cuál sea la causa. Estos ingredientes ricos en los componentes adecuados ayudan a las mitocondrias de las células a generar trifosfato de adenosina (ATP) que da energía a nuestro cuerpo. La comida proporciona el combustible con el que funcionan las mitocondrias y los alimentos correctos tienen los fitonutrientes que ayudan a éstas a trabajar con fluidez.

Dado que no se puede hacer un análisis de sangre para analizar la fatiga, la mayoría de los estudios se basan en los datos de las encuestas. Se han utilizado con personas que sufrían fatiga causada por enfermedades del tiroides, infecciones graves, enfermedades cardiovasculares, ictus o cáncer. Con los cuestionarios se consigue una puntuación de referencia para las personas que se sabe que suelen sufrir fatiga. Luego, los investigadores añaden alimentos específicos a su dieta durante un período estipulado, después del cual se repite la encuesta.

La otra gran fuente de información son los atletas de resistencia. En estos casos, se espera que se sufra fatiga, pero a menudo la producen los mismos mecanismos bioquímicos que la causan por una enfermedad. Con los atletas, es más fácil medir los resultados. Si un alimento disminuye la fatiga, el rendimiento aumenta. Pueden presionarse más, durar más tiempo o ir más rápido.

Un descubrimiento alentador de estos estudios es que a menudo un alimento que atenúa la fatiga provocada por una causa también funciona para reducirla cuando la causa es totalmente distinta.

Durante el resto del capítulo, voy a contarte qué alimentos pueden ayudarte a recuperar la energía. Te alegrará saber que todas nuestras opciones son fáciles de encontrar y añadir a tu cocina.

Alimentos para obtener energía

ALMENDRAS

Las almendras son una fuente excelente de nutrientes y fitoquímicos útiles, como la vitamina E, el magnesio, el cobre y la arginina. Estos nutrientes son conocidos por aumentar la energía al disminuir la inflamación, mejorar la actividad de las células musculares y ayudar a que el oxígeno alcance los tejidos de manera más eficaz.

Como cualquier otro alimento sin procesar, las almendras son más que la suma de sus partes. En un estudio con el que se probaba esta idea, se compararon las almendras con unas galletas que proporcionaban las mismas calorías y aproximadamente la misma cantidad de grasa, carbohidratos y proteínas. Varios atletas de resistencia añadieron almendras o galletas a su dieta durante cuatro semanas antes de tomar la alternativa durante otras cuatro. Aunque ambos alimentos coincidían de forma precisa en calorías y grasas, las almendras mostraron beneficios más evidentes relacionados con el rendimiento que las galletas. Los ciclistas que comían almendras eran capaces de avanzar 800 metros más durante una prueba de tiempo, necesitando menos oxígeno.[5]

REMOLACHA

La remolacha no tiene comparación como alimento clave para combatir la fatiga. Los atletas lo saben desde hace tiempo y toman remolacha de diferentes formas. Para muchos atletas de resistencia, un chupito de zumo de remolacha es tan importante antes de una carrera como atarse los zapatos.

Nitratos y oxígeno

La historia de la remolacha y la energía se basa en una comprensión básica sobre los nitratos. Se trata de compuestos que contienen nitrógeno y se encuentran en muchos alimentos. Algunas comidas los contienen de forma natural y se añaden a otras a través de conservantes.

Las fuentes principales del nitrato natural son, entre otros, la remolacha y los extractos de origen vegetal. Los conservantes con base de nitrato se encuentran sobre todo en la carne procesada como el beicon y las salchichas. Los nitratos nos enseñan que la comida es más que la suma de sus partes. Aunque la forma química de los nitratos es la misma en todos estos alimentos, su efecto en la salud es totalmente opuesto.

Resulta que el contexto alimentario cambia la manera de actuar del nitrato. En las carnes procesadas, éste se combina con grasas saturadas y cocinadas a alta temperatura. En las verduras, se encuentra dentro de una amplia gama de antioxidantes y fibras. La conclusión es que el nitrato de las verduras es seguro y potencia los niveles de energía mientras que el mismo nitrato en la carne procesada puede ser perjudicial. Se ha demostrado a través de estudios que el nitrato de las verduras reduce el riesgo de sufrir cáncer de estómago mientras que el mismo nitrato pero procedente del beicon lo aumenta.[6]

La remolacha y los nitratos nos ayudan a producir óxido nitroso. Cuando los niveles de oxígeno caen, los glóbulos generan óxido nitroso para subirlos. Éste también se necesita para evitar el desequilibrio hormonal, ya que interpreta un papel importante en la regulación del tiroides, los ovarios, las glándulas suprarrenales y la pituitaria. Si tu cuerpo no logra producir óxido nitroso correctamente, el zumo de remolacha puede ser de utilidad. Cuando tus músculos utilizan el oxígeno mejor, tienes más energía, una cognición más aguda y un envejecimiento más fácil.

Fuentes dietéticas de nitrato

La mayoría de las verduras proporcionan nitrato, pero la cantidad varía mucho de unas a otras.[7]

La concentración más alta de nitrato se puede encontrar en algunos tipos de verduras de hoja verde como la rúcula o el berro. La remo-

Nitrato en alimentos

CONTENIDO DE NITRATO (MG/100 G DE PESO FRESCO)	FUENTES ALIMENTICIAS
Muy bajo, menos de 20 mg	Alcachofa, espárrago, haba, berenjena, ajo, judía, champiñón, cebolla, guisante, pimiento, patata, calabaza de verano, batata, tomate y sandía
Bajo, de 20 mg a menos de 50 mg	Brócoli, zanahoria, coliflor, escarola, pepino y calabaza
Medio, de 50 mg a menos de 100 mg	Col, eneldo, col rizada y nabo
Alto, de 100 mg a menos de 250 mg	Apionabo, col china, endibia, hinojo, colinabo, puerro y perejil
Muy alto, más de 250 mg	Rúcula, perifollo, berro, lechuga, remolacha roja y espinaca

lacha no contiene tanto como estas verduras, pero el tamaño típico de una ración de remolacha es mucho más copioso, por lo que incluye más nitrato en total.

En muchos estudios se ha demostrado que la remolacha aumenta la energía y mejora el rendimiento físico. En algunos también se han descubierto sus beneficios para la salud neurológica. En uno de ellos, dos grupos de adultos de más de sesenta años se sometieron a un régimen suave de ejercicio durante seis semanas. Un grupo tomaba zumo de remolacha y el otro no. Se les hicieron resonancias magnéticas a ambos. El grupo al que se le dio remolacha mostraba mayores indicios de neuroplasticidad, es decir, que su cerebro se beneficiaba más del ejercicio de lo que se esperaba.[8] Además, los que consumían remolacha entrenaban con más intensidad.

Muchos de estos estudios se han hecho con atletas, pero se han conseguido resultados parecidos. De hecho, con los que no eran atletas se veían efectos más drásticos. Por ejemplo, un estudio analizó el efecto de la remolacha en adultos con fatiga debido a una insuficiencia cardíaca. El uso regular de remolacha durante sólo siete días aumentó la resistencia aeróbica un 24%.[9]

AJO

El ajo tiene un lugar especial en nuestra lista porque se ha demostrado que atenúa la fatiga

¿FATIGA POR FALTA DE CARBOHIDRATOS?

¿Tomas suficientes carbohidratos buenos? El cuerpo humano puede generar energía incluso con una dieta baja en carbohidratos, pero no demasiada. Nuestra fuente principal de energía procede de las grasas y los carbohidratos. Las grasas tienen una mayor densidad energética, lo que hace que algunos piensen que son una fuente mejor de carburante. Cuando examinamos con más atención la bioquímica, descubrimos que no se queman de forma eficaz sin carbohidratos.

En un estudio reciente, se ha demostrado que las dietas bajas en carbohidratos hacen que las personas se sientan más cansadas. En dicho estudio, veinticuatro mujeres se sometieron a una dieta baja en carbohidratos y alta en grasas durante cuatro semanas. Luego, durante quince semanas, se les permitía comer lo que quisieran. En las siguientes cuatro semanas, se les impuso una dieta que reducía el consumo de comida sin bajar los carbohidratos. La segunda dieta tenía como propósito ver si los síntomas negativos de la dieta baja en carbohidratos sólo se debían a la reducción de comida, no a la falta de carbohidratos.

En cada dieta, los investigadores controlaban los niveles de energía de las mujeres y su rendimiento a la hora de hacer ejercicio. Para eso, se les hicieron encuestas sobre sus síntomas día a día y las participantes escribieron un diario para documentar cómo se sentían.

incluso cuando se desconoce la causa.[10] Los beneficios del ajo se han asociado con numerosos fitonutrientes que contienen azufre como alicina, sulfuro de dialilo y S-Alil cisteína. Estos compuestos son conocidos por actuar en conjunto como antioxidantes, antiinflamatorios, inmunomoduladores y neuroprotectores.

En un ensayo clínico aleatorio, comparativo con placebo y doble ciego, setenta mujeres con artritis reumatoide recibieron ajo o un suplemento placebo durante ocho semanas. Las que tomaron ajo experimentaron un descenso de los niveles de fatiga de un 14 % de media. Dicho cambio no se vio en el grupo que recibía placebo. El ajo también redujo los niveles de dolor y algunos indicadores de inflamación.[11] El ajo también puede revertir la fatiga secundaria del dolor crónico y las enfermedades autoinmunes.

Se ha demostrado que el ajo combate la niebla mental. Puede mejorar la fatiga mental e incluso reducir los efectos de envejecimiento del cerebro.[12] Quizás sea tentador despreciar el ajo porque la mayoría lo comemos en nuestro día a día. Sin embargo, cuando se usa una cantidad mayor a la habitual, aumenta enormemente la energía.

AVENA

La avena es una buena fuente de carbohidratos de bajo índice glucémico y de almidón resistente, lo que significa que te aporta energía duran-

Mientras se sometían a la dieta baja en carbohidratos, afirmaron sentir «fatiga muscular, ácido láctico en los músculos y cansancio». Algunas dijeron que les resultaba demasiado difícil completar las actividades normales como dar un paseo o usar las escaleras.[13] Su rendimiento físico también disminuyó. Durante la dieta baja en carbohidratos, el nivel de esfuerzo al que se sometían cuando comían carbohidratos era demasiado alto. Durante las pruebas en una bicicleta estática, al tomar pocos carbohidratos, se notaron cansadas y dejaron de pedalear dos minutos antes.

Si te sientes cansado y sigues una dieta baja en carbohidratos, merece la pena que te plantees añadir más. Se encuentran en una amplia gama de alimentos como bollería industrial, refrescos, tomates o alubias carillas. Es una tontería pensar que todos son iguales. Los carbohidratos buenos se encuentran sólo en aquellas comidas que potencian una flora microbiana saludable. Las bacterias beneficiosas no pueden vivir sin carbohidratos.

Muchas personas acaban comiendo más proteínas cuando disminuye su ingesta de carbohidratos. Al hacerlo, potencian su energía y facilitan la pérdida de peso. Sin embargo, en todos los estudios sobre las dietas bajas en carbohidratos que controlan las proteínas se muestra que los beneficios proceden del aumento de proteínas, en vez de la reducción de carbohidratos.

Si llevas un tiempo tomando pocos carbohidratos, te animo a que lo compruebes por ti mismo. Añade algunos de los carbohidratos buenos y saludables, como cereales integrales, judías, verduras y frutas, y examina cómo te sientes. Si después de dos semanas, esta dieta no atenúa tu fatiga, siempre puedes retroceder. Si te sientes mejor con los carbohidratos, ten en cuenta que se puede perder grasa sin una privación extrema. Echa un vistazo al capítulo anterior para obtener más información.

te largos períodos y estabiliza tu nivel de azúcar en sangre. Además, aumenta la energía porque es una de las fuentes más ricas de fibra antifatiga llamada betaglucano. Un bol típico de avena contiene hasta 2000 mg de betaglucano.

En un estudio reciente sobre la avena y la fatiga, se dio a 207 adultos betaglucano de avena y se les controló durante cuatro semanas. Comparados con el grupo de control, los que consumían avena registraron menores niveles de fatiga, agotamiento y falta de energía. También mejoraron su capacidad de concentración.[14] Además de ayudar con la fatiga, la avena también tiene una amplia gama de beneficios para la salud: mejora la digestión, la salud cardiovascular y la función cognitiva, además de atenuar los síntomas relacionados con el estrés.[15]

NUECES

Las nueces tienen dos ventajas sobre otros alimentos que las vuelve muy útiles para combatir la fatiga. La primera es que contienen componentes únicos llamados oligopéptidos de nuez. La segunda es que se encuentran entre las fuentes alimentarias más importantes de ácido linoleico.

Oligopéptidos de nuez

Los oligopéptidos de nuez son pequeñas cadenas de aminoácidos con propiedades únicas. Se ha demostrado a través de estudios que los oligopéptidos de nuez disminuyen la acumulación de desechos metabólicos, como la deshidrogenasa láctica, la creatina cinasa, el nitrógeno ureico en sangre y el ácido láctico. Además, mejoran funciones esenciales como el almacenamiento de energía en glucógeno, el ciclo de Krebs y la capacidad de producir antioxidantes internos.[16] Es una manera elegante de decir que bloquean todo aquello que nos hace sentir cansados.

Ácido linoleico

Sólo hay dos tipos de grasas que necesitamos en nuestra dieta: el ácido linoleico (omega 6) y el ácido alfa-linolénico (omega 3). Son necesarios para que nuestro cuerpo funcione de manera óptima. Juntos, regulan la inflamación y la respuesta inmunitaria. La fatiga es uno de los múltiples problemas que surgen cuando la inflamación se descontrola. Muchos aseguran que las nueces son la fuente más rica conocida de ácido linoleico. Otras fuentes ricas incluyen las semillas de girasol, los piñones y la linaza.

En un estudio reciente, se comparó el efecto de las grasas esenciales sobre los síntomas de fatiga de los supervivientes del cáncer de mama. Los investigadores dieron a distintos grupos de participantes altas dosis de omega 6 y 3. Antes del estudio, predijeron que el omega 3 sería más beneficioso que el 6. Sin embargo, este tipo de grasas procedente de las nueces atenúo en mayor medida la fatiga que el omega 3. Aquellos que recibieron omega 6 tal y como se encuentra en las nueces se sintieron menos cansados y tuvieron niveles más bajos de marcadores de la inflamación como el factor de necrosis tumoral alfa.[17]

Soluciones nutracéuticas

CORDYCEPS

Cordyceps sinensis es un tipo de hongo asociado con las setas. Se ha utilizado como tónico energético en toda Asia desde los primeros tratados médicos de los que se tiene constancia.

El *Cordyceps* es un ejemplo excelente de adaptógeno, plantas y setas que contienen fitonutrientes que, según se ha demostrado, aumentan la resistencia a gran variedad de elementos estresantes. Un principio de la medicina ayurvédica es que cada medicamento tiene tres posibles propiedades. Puede activar, ralentizar o ayudar a recuperar el equilibrio. Casi siempre, los medicamentos estimulan o sedan. En un sentido más amplio, pueden funcionar como estimulantes para crear un estado de alerta o sedantes para inducir al sueño. También pueden hacerlo de forma más específica, como esos medicamentos que estimulan o bloquean una vía química concreta. Los adaptógenos se consideran la forma más elevada de tratamiento porque ayudan al cuerpo a responder ante el estrés y la fatiga, equilibrando nuestros sistemas.

Se ha demostrado que el *Cordyceps* aumenta la energía al disminuir los anticuerpos tiroideos, reducir la inflamación, aumentar la capacidad antioxidante, incrementar el almacenamiento de energía y mejorar la regulación inmunitaria. En un estudio, se les dio a adultos, durante doce semanas, cápsulas que contenían *Cordyceps* o un placebo. El rendimiento físico aumentó más del 10 % en aquellos que tomaban *Cordyceps,* pero no en los que recibieron placebo.[18]

ELEUTERO

El *Eleutherococcus senticosus* (ginseng siberiano) es la raíz de una planta asiática con una larga historia como tónico energético. Se sabe que actúa como antioxidante, tónico inmunitario y regulador de los niveles de azúcar en sangre.

En un ensayo clínico reciente ciego y comparativo con placebo, se seleccionó a ochenta y siete participantes para evaluar los efectos del eleutero en el estrés crónico. Comparados con aquellos que tomaron el placebo, éstos mostraron mejoría en la fatiga y la depresión.[19]

L-CITRULINA

La L-citrulina (citrulina malato) es un aminoácido que mejora la capacidad física. Los riñones la convierten en L-arginina y en óxido nítrico.

En un estudio, se dio a varias mujeres L-citrulina o un placebo en dos momentos distintos. Las que recibieron el suplemento de L-citrulina mostraron un claro aumento de la fuerza sin incrementar el esfuerzo.[20]

Para más información sobre cómo usar estos y otros ingredientes nutracéuticos, visita la página de recursos www.hormonehealingcookbook.com/resources

---

CAPÍTULO 5

Niebla mental

La niebla mental es uno de los síntomas más novedosos del desequilibrio hormonal, así como el más inquietante. He sondeado a mis lectores sobre sus síntomas principales durante casi dos décadas. En el pasado, algunos se quejaban de volverse olvidadizos o de tener dificultades para concentrarse. A veces, describían episodios como lagunas mentales, pero no eran habituales.

A partir de 2014, esos síntomas se consolidaron en un único término, la niebla mental. Desde entonces, se ha convertido rápidamente en una molestia normal entre aquéllos con un desequilibrio hormonal. La niebla mental es la incapacidad para recordar ciertos detalles, como contraseñas, el nombre de un viejo amigo, la razón por la que te encuentras en una habitación... Sin embargo, es algo más. Aquellos que la sufren sienten que están atrapados en la niebla de manera literal. No saben con claridad en qué dirección encaminarse, su propósito o incluso sus sentimientos.

Muchos de los que la experimentan temen que pueda ser el primer indicio de una enfermedad neuronal grave. Los neurólogos aseguran que no es el caso. Las primeras etapas de trastornos como el alzhéimer implican mucho más que volvernos olvidadizos; los pacientes pierden el buen juicio y otros aspectos del pensamiento crítico. No obstante, aunque la niebla mental no sea un presagio de fatalidad, no es agradable. ¿Qué la causa?

Causas ocultas de la niebla mental

Cuanto mejor calibrada esté una máquina, más fácil es que se desequilibre. El cerebro humano es la máquina conocida mejor calibrada del universo. Incluso desequilibrado, es capaz de gestionar las necesidades básicas de supervivencia como la respiración. No obstante, a menos que funcione a su máximo rendimiento, no lograremos experimentar sentimientos más elevados como la felicidad y la vitalidad.

Casi cualquier problema médico puede alterar el cerebro. A veces, es fácil encontrar y tratar las causas de la niebla mental. Algunas de las más comunes son la anemia, un nivel de azúcar en sangre mal regulado, el peso extra y la apnea del sueño. Si sufres niebla mental, trabaja con tu médico para ver si hay algún problema que la esté provocando. Como hemos visto con otros síntomas, encontrar la causa es lo ideal, pero es posible obtener algo de ayuda incluso sin conocerla gracias a que se agrava debido a un pequeño número de mecanismos, con independencia de la causa. Éstos son falta de oxígeno, incapacidad para regular la glucosa, inflamación sin tratar y daño de los radicales libres.

La falta de oxígeno puede deberse a factores ordinarios como una respiración superficial o a las primeras etapas de un problema médico como una estrechez de los vasos sanguíneos. La dificultad para regular la glucosa es el síntoma central de la diabetes, pero también ocurre cuando nos saltamos alguna comida o tomamos alimentos muy procesados. La inflamación es normal, pero las enfermedades autoinmunes o la inactividad pueden hacer que el cuerpo se vuelva contra sí mismo. Tampoco se pueden evitar los radicales libres, pero unas cantidades imposibles de gestionar proceden de la contaminación aérea y de la comida frita.

Aunque estas causas son numerosas, los alimentos adecuados pueden marcar la diferencia.

Alimentos que revierten la niebla mental

ALBAHACA

La albahaca es una hierba deliciosa que puede con facilidad potenciar la claridad mental. La albahaca fresca va genial, pero la seca también funciona. Puedes incluso cultivarla en la terraza. En todas sus formas, mejora la función mental en cantidades que, además, se pueden incorporar sin problemas a la dieta habitual. En un reciente ensayo clínico controlado, los adultos que consumieron albahaca presentaron tiempos de reacción más rápidos, porcentajes de error más bajos y otras mejoras cuantificables de la función mental.[1]

He mencionado antes que la niebla mental puede ir acompañada de trastornos como la ansiedad. La albahaca ayuda con la niebla mental y atenúa la ansiedad asociada. En un estudio se demostró que, cuando los niveles de ansiedad disminuyeron, a los participantes les resultó más fácil concentrarse.[2]

¿Cómo hace todo esto la albahaca? Parte de sus efectos se debe a un compuesto llamado linalool. En estudios preliminares, se ha demostrado que potencia la función cognitiva y aumenta la claridad mental. Dado que el linalool se encuentra en todos los tipos de albahaca disponible en cualquier mercado, no tienes que preocuparte sobre las diferencias entre la albahaca genovesa, la tailandesa o la santa, por ejemplo.[3]

En la cocina, la albahaca puede agregarse a gran cantidad de platos, tanto salados como dulces. He incluido varios en la sección de recetas que no encontrarás en ningún otro sitio. Aunque no te guste demasiado el pesto normal, prueba mi «Pesto de espinacas y aguacate».

BAYAS

Si se te olvidan las listas de alimentos, basta con que recuerdes que los que manchan sanan tu cerebro. ¡Y las bayas manchan, eso está claro! Están llenas de pigmentos como proantocianidinas, elagitaninos o estilbenos. Son pigmentos naturales que descomponen los radicales libres y ayudan a nuestro cuerpo a gestionar las toxinas. Permiten que nuestros genes funcionen correctamente y ayudan a nuestro sistema inmunitario a destruir las células cancerígenas.

Las bayas también tienen un efecto concreto: mejoran la capacidad de recordar palabras. Si parece que siempre tienes las palabras adecuadas en la punta de la lengua, come más bayas. En varios estudios se ha demostrado que los adultos con un deterioro cognitivo medio, tras tomar zumo de arándanos, recordaban las palabras más rápido.

En uno de esos estudios, se hizo una prueba con adultos de mediana edad tras tomar una única dosis de batido de bayas. Los que lo bebieron fueron capaces de rendir mejor en tareas mentales complejas. También lograron concentrarse durante períodos de tiempo más largos. El batido que se utilizó en el estudio no contenía nada demasiado exótico: alrededor de 40 gramos de fresas, arándanos, moras y frambuesas mezclados con 85 ml de agua.[4]

VERDURAS DE HOJA VERDE

Los datos son claros. En múltiples estudios de alta calidad, se ha demostrado que aquellos que comen verduras de hoja oscura tienen cerebros más saludables que los que no lo hacen. Esta relación es cierta incluso cuando se controlan otros factores que afectan a las hormonas como la edad, el género, la educación, el ejercicio, el tabaco, la ingesta de marisco o el alcohol.

Las verduras son útiles porque contienen micronutrientes esenciales como la vitamina K, el folato y los carotenoides. Muchos de estos nutrientes que necesitamos no se encuentran en altas cantidades en ningún otro alimento. A los que comen más verduras les cuesta adaptarse a tener menos nutrientes. Las bacterias perjudiciales de la flora intestinal segregan una enzima llamada beta-glucuronidasa, que causa el desequilibrio hormonal y un empeoramiento de la función mental. Los que comen más verduras tienen niveles más bajos de dicha enzima.

Las verduras también contienen nuevos fitonutrientes que vuelven el cerebro más resistente al estrés diario. Algunos de los componentes principales de las verduras de hoja verde son:

- Alfa-tocoferol: Una vitamina E que protege las células de los radicales libres solubles en grasa.
- Luteína: Un carotenoide encontrado en muchos alimentos que mejora la salud de los vasos sanguíneos pequeños.
- Kaempferol: Un polifenol que reduce la inflamación y ayuda al cerebro a desprenderse de células antiguas.
- Nitratos: Compuestos que contienen nitrógeno y ayudan a que el oxígeno llegue al cerebro.
- Filoquinona: Un tipo de vitamina K activa encontrado en niveles más altos en los centenarios (personas de cien años) con funciones cognitivas excepcionales.

De hecho, aquellos que tienen, de media, una ración más al día cuentan con cerebros que funcionan como el de alguien once años más joven.[5]

¿Cuáles son los mejores ejemplos de verduras de hoja verde? Mis favoritas son la col rizada, la col berza, las espinacas, las hojas de remolacha, el berro, la lechuga romana, las acelgas, la rúcula, la endibia, el repollo y las hojas de nabo. Aunque puedes introducir las espinacas en casi cualquier receta sin que nadie se entere, con las otras verduras se necesita algo más de planificación para integrarlas en la comida.

ROMERO

El romero se ha usado de distintas formas: como especia culinaria, ingrediente para el té o aceite esencial entre otras. Todas tienen beneficios en común para la función cognitiva. Los terpenos y terpenoides del romero mejoran la circulación y la transmisión de oxígeno al cerebro.

Además, el romero actúa rápido. De hecho, sus beneficios se presentan casi de inmediato. En un estudio, los participantes bebieron agua mineral con romero. Un grupo parecido tomó agua mineral sola. Ambos grupos se sometieron a pruebas cognitivas. Se analizó a todos los participantes para ver cuánto oxígeno tenían en la sangre. Los que ingirieron romero rindieron mejor en las pruebas mentales y disfrutaron de mayores niveles de oxígeno en sangre.[6]

Hay varios tipos de romero disponibles en cualquier tienda. El de los tarros de especias o el fresco del supermercado no es el mismo que el que se usa como planta decorativa. No obstante, si lo tienes plantado en el jardín, puedes usarlo en la cocina, aunque es probable que necesites entre un tercio y la mitad de cantidad comparado con el romero que se encuentra en el supermercado.

A menudo se usa para sazonar el pollo o los platos de cuchara. La forma más fácil de tomarlo es probar mi receta del «Agua de cítricos con romero». Bébetela en esos días en los que te espere una carga grande de trabajo mental.

TRUCHA

Todo apunta a que el pescado es el alimento perfecto para el cerebro. Las personas que comen pescado, ya sea de mar o de río, tienen cerebros más saludables. Es así con casi todo lo que proviene del mar: pescados, mariscos, moluscos o bivalvos. Incluir marisco en la dieta reduce el riesgo de un deterioro cognitivo medio, del declive cognitivo y de alzhéimer.[7]

Cualquier tipo de marisco es saludable, pero algunos tienen un lado negativo que hay que tener en cuenta. Entre los problemas se encuentran el yodo excesivo, la sostenibilidad y las sustancias tóxicas como el bisfenol A o el mercurio. Teniendo esto en mente, lo mejor es evitar el tiburón zorro, el siluro importado o el bacalao atlántico, entre otros.

He elegido a la trucha de río como ejemplo principal porque ofrece todos los beneficios y apenas conlleva problema alguno. Es fácil de encontrar, con un sabor neutro y sencillo de preparar. Además de la trucha, incluiré recetas con otros pescados que también son buenas opciones.

Los beneficios del marisco se presentan sin necesidad de tomar cantidades excesivas. La mayoría de los estudios sugieren tomar entre dos y tres raciones a la semana para aprovechar todos sus efectos.

Soluciones nutracéuticas

ASTRÁGALO

El *Astragalus membranaceus* (Huáng Qí) es una raíz que se lleva usando en China desde hace miles de años, como ingrediente o como medicina. Dado que se considera un ingrediente, tiene un nivel excelente de inocuidad. En ensayos de alta calidad con humanos, se ha demostrado que, sin poner en riesgo la salud, mejora la función cognitiva, incluso después de un daño cerebral como un ictus.[8]

L-CARNITINA

La L-carnitina es un aminoácido de origen natural, esencial para la producción de energía en las células.

En distintos ensayos clínicos, se ha demostrado que un suplemento de L-carnitina mejora los síntomas de la fatiga mental en aquellos que sufren enfermedades tiroideas. En un estudio representativo, sesenta personas con niveles significativos de fatiga recibieron L-carnitina o un placebo durante doce semanas. El primer grupo presentó una clara mejoría en la gravedad de la fatiga, tanto física como mental.[9]

L-TEANINA

La L-teanina es un aminoácido no proteico de origen natural. Se encuentra en alimentos como las setas o el té, ya sea negro, verde, oolong o blanco. En forma de suplemento, se ha demostrado que mejora la función cognitiva y reduce la fatiga mental. En un estudio, se dieron píldoras de L-teanina o placebo a treinta adultos durante cuatro semanas. La mayoría de los individuos eran mujeres y la edad media era de 48,3 años.

Los índices de depresión, ansiedad, calidad del sueño y función cognitiva mejoraron en aquellos que tomaron L-teanina. También se percibió una mejoría evidente en la fluidez verbal.[10]

Para más información sobre cómo usar estos y otros ingredientes nutracéuticos, visita la página de recursos www.hormonehealingcookbook.com/resources

---

CAPÍTULO 6

Sofocos

Los sofocos suelen ser el primer síntoma que hace sospechar a las mujeres que sufren desequilibrio hormonal. Es uno de los más obvios y perturbadores que puedas imaginar. Tiene distintas causas, pero en casi todos los casos se debe a la transición hormonal de la mujer hacia la menopausia.

Menopausia

Para una mujer promedio, el ciclo menstrual empieza a cambiar a la mitad de la cuarentena. Primero, se vuelve errático: algunos meses no les baja la menstruación y, en otras ocasiones, ésta aparece con semanas de diferencia. Las fluctuaciones en los períodos son correlativas a las fluctuaciones en los estrógenos. Los ovarios dudan entre segregar muchos o pocos. Este primer cambio marca la perimenopausia. Al final, los niveles de estrógenos disminuyen y permanecen bajos. Luego, las mujeres dejan de tener la regla. Durante los primeros doce meses tras el cese del período, se considera que una mujer está menopáusica. Una mujer promedio suele entrar en la menopausia a los cincuenta y un años, pero oscila entre la mitad de la treintena y los sesenta. Cuando no se ha tenido el período durante un año, se considera que la mujer es posmenopáusica y permanece en esa etapa durante el resto de su vida.

Los síntomas del desequilibrio hormonal asociados con la menopausia pueden aparecer en cualquier momento del camino: la perimenopausia, la menopausia y, para algunas, bien entradas en la posmenopausia. Entre dichos síntomas se encuentran la fatiga, la falta de sueño, el aumento de peso, la niebla mental, la piel seca, el debilitamiento del cabello, los cambios de humor, una libido reducida y sequedad vaginal. Aunque pueden aparecer combinados de cualquier manera, suelen acompañarse de sofocos.

Los sofocos pueden inquietar al principio. Se suelen describir de manera muy precisa en comparación con otros síntomas. En general, son rápidas subidas de calor, sobre todo en la piel, la cara y el cuello. Duran entre treinta segundos y cinco minutos. Se enrojece la piel, sobre todo la de la cara. Es habitual empezar a sudar y que se acelere el corazón. Cuando el sofoco cesa, lo normal es sentir cansancio, irritabilidad y desorientación.

La mayoría de las mujeres con sofocos tienen, al menos, uno al día. Algunas sufren sólo varios a la semana y otras tienen la mala suerte de experimentar uno cada hora. Del 10 al

15 % de las mujeres sufren sofocos tan graves que les impiden disfrutar de una vida normal. Los nocturnos, aquellos que aparecen de noche, interrumpen el sueño, una frustración añadida. Ahora sabemos lo traumáticos que pueden ser, además de considerarse una señal de alarma. En extensos estudios se ha demostrado que las mujeres con peores sofocos tienen mayor riesgo de sufrir una enfermedad cardíaca.[1]

Andropausia

Los hombres sufren una alteración hormonal parecida llamada andropausia. Sus niveles de testosterona alcanzan el punto álgido en la adolescencia y poco a poco van disminuyendo a lo largo de su vida. Sin embargo, algunos experimentan una disminución drástica a partir la mitad de la cuarentena o los cincuenta. La andropausia también puede provocar sofocos. En un estudio, un tercio de los hombres entre los cincuenta y cinco y los setenta y cinco años experimentaron sofocos. Aquellos que los sufren a menudo tienen otros síntomas de la andropausia como la disminución de la fuerza muscular o la resistencia, menor disfrute de la vida, tristeza, malhumor y falta de energía.[2] Los alimentos que presento a continuación ayudan tanto a la menopausia como a la andropausia porque ambas se deben a rápidos cambios hormonales.

Cómo ayuda la comida

La comida buena para el hígado puede atenuar los sofocos, que suelen estar causados por rápidos desequilibrios hormonales. Un hígado saludable mantiene equilibrados los niveles de hormonas.

Además, ciertos alimentos mejoran los receptores hormonales. Las hormonas son llaves que abren determinados candados. El cuerpo ajusta el número de dichos «candados» y los vuelve más fáciles o difíciles de abrir. Los fitonutrientes son útiles para que esta química exacta funcione adecuadamente.

En concreto, en el caso de los sofocos, las isoflavonas permiten que algunos receptores absorban los estrógenos mientras bloquean otros. Al hacerlo, se reducen los síntomas provocados por la bajada de estrógenos como los sofocos, a la vez que protegen de los efectos de producir demasiados, como la proliferación de las células del pecho.

La expresión génica es otra parte de la ecuación hormonal. Las hormonas activan o inhiben ciertas partes de los genes. Sabemos que, cuando se ralentizan reacciones importantes, como la metilación del ADN, los estrógenos no siempre se pueden convertir en derivados inocuos. Las verduras crucíferas mejoran la expresión génica para eliminar de forma segura los estrógenos.

Alimentos que combaten los sofocos

Los alimentos de los que hablo a continuación ayudan a mejorar esos síntomas hormonales. Ten en cuenta que estos alimentos funcionan en gran medida a través de distintos mecanismos. No te sientas obligado a comer un poco de todos estos ingredientes a diario o en todas las comidas. Prueba a incluir uno o dos un día cualquiera. Es probable que, de esta manera, notes mayores beneficios sin aburrirte.

REPOLLO Y OTRAS VERDURAS CRUCÍFERAS

Las verduras crucíferas mejoran los complejos mecanismos que el hígado utiliza para mantener los niveles de estrógenos estables. Entre otros, usa enzimas con nombres esotéricos como citocromo P450 1A1 y glutatión S-transferasa.[3] Es muy probable que estas mejoras sean la razón por la que las verduras crucíferas protegen contra el cáncer de mama.[4]

En un estudio reciente, se controló a un grupo de supervivientes de cáncer de mama para ver si su dieta estaba conectada a los síntomas de la menopausia. Había una relación directa. Cuantas más verduras crucíferas tomaban las participantes, más suaves eran los síntomas.[5]

CÍTRICOS

Como se ha mencionado antes, los sofocos son más graves en aquellas personas propensas a sufrir enfermedades cardíacas. Es probable que los que experimentan peores sofocos (más de 10 al día) tengan vasos sanguíneos poco flexibles.[6] A medida que se vuelven rígidos, les cuesta más expandirse y contraerse a lo largo de un ciclo diario. Esta rigidez aumenta la presión arterial y el riesgo de sufrir una enfermedad cardiovascular. También parece ser la causa de los sofocos.

En estudios sobre comida y síntomas menopáusicos, los cítricos han demostrado ser la categoría alimentaria más eficaz para reducir los síntomas de la menopausia.[7]

HIGOS

¿Son los higos la fruta olvidada? En varios estudios se ha demostrado que los higos reducen de forma significativa la frecuencia y la intensidad de los sofocos. Uno de los componentes activos de los higos es la 7-metoxicumarina. Como los estrógenos, puede reducir los sofocos y sanar el epitelio vaginal. A diferencia de éstos, es inocua incluso en cantidades miles de veces mayores que la que se encuentra en la comida.[8]

Los higos tienen otros beneficios bien documentados para la salud humana. De las frutas y verduras, se encuentran entre las fuentes más ricas de minerales. Proporcionan cantidades sustanciales de calcio, hierro y potasio.

SOJA

La soja se utiliza en muchos platos en las zonas más saludables del mundo, pero no es tan común en otras como Estados Unidos. En los últimos años, se ha convertido en fuente de controversia injustificada. Aun así, los estudios son claros. La soja ofrece beneficios para la salud que no proporciona ningún otro alimento. Ayuda a prevenir las enfermedades cardíacas, el cáncer de mama y las fracturas de cadera.[9] También atenúa los síntomas de la menopausia. No afecta a la función tiroidea ni causa cáncer dado que no contiene estrógenos. Sus isoflavonoides potencian los efectos buenos de los estrógenos y bloquean los perjudiciales, ayudando en ambas versiones del desequilibrio hormonal.

Como se comentó anteriormente, las hormonas como los estrógenos actúan cuando se conectan a los receptores de las células. Hay múltiples tipos de receptores de estrógenos. Uno en concreto, los receptores alfa, se encuentra en las células de la piel, el cerebro y los huesos. El otro tipo, los receptores beta, se halla en las células del pecho y en las del endometrio.

Los estrógenos son «buenos» cuando activan los receptores alfa. Hacen que la piel goce de mayor salud, los huesos sean más fuertes, disfrutemos de mejor función cognitiva y experimentemos menos sofocos. Son «malos» cuando activan los receptores beta. Así, se convierten en los culpables del cáncer de mama y la hiperplasia endometrial.

La soja te aporta lo mejor de ambos mundos. Estimula los receptores alfa mientras bloquea los beta. Por eso, ofrece beneficios que parecen contradictorios, como evitar el cáncer de mama y atenuar los sofocos. La soja ayuda incluso a aquellos que sufren cáncer de mama asociado a las hormonas. Los que toman más soja tienen más posibilidades de evitar recaer y de sobrevivir.[10]

Muchas mujeres ven una clara reducción en los sofocos incluso con las cantidades más modestas de soja. Una mujer promedio sólo necesita una o dos raciones la mayoría de los días de la semana. Incorpora diariamente uno o dos elementos de la siguiente lista:

- Leche de soja en vez de leche de vaca
- Yogur de soja con el desayuno
- Tofu en lugar de proteína animal
- Salsa de soja como condimento
- Edamame como picoteo
- Sopa de miso en una comida

CÚRCUMA

La cúrcuma se ha convertido en el comodín alimentario para reducir la inflamación. Contiene un compuesto llamado curcumina que aporta muchos beneficios de los medicamentos antiinflamatorios sin tantos efectos secundarios.[11] Muchos no saben que también reduce los sofocos.

En un ensayo aleatorio ciego, se dio a noventa y tres mujeres extracto de cúrcuma o placebo durante ocho semanas. Tras cuatro, en aquellas que tomaban cúrcuma la cantidad de sofocos se redujo a la mitad. Cuatro semanas después, a un cuarto. La cantidad de extracto de cúrcuma que se usó sólo era de 1 gramo diario. Es fácil introducir esa cantidad con la comida.[12]

Soluciones nutracéuticas

LÚPULO

La planta *Humulus lupulus,* el lúpulo común, es una rica fuente de fitonutrientes, sobre todo de distintos tipos de flavona y chalcona. Se ha demostrado que una de estas últimas, llamada 8-prenilnaringenina, reduce los sofocos y atenúa los síntomas de la menopausia. En un ensayo comparativo con placebo y doble ciego, se dio a sesenta y siete mujeres cápsulas que contenían *Humulus lupulus* o placebo durante doce semanas y se controlaron sus síntomas menopáusicos. Comparadas con las del placebo, las que tomaron lúpulo disfrutaron de reducciones significativas en los sofocos y otros síntomas.[13]

S-EQUOL

La soja reduce en gran medida los síntomas menopáusicos de algunas mujeres, pero no de todas. Resulta que aquellas que se benefician son las que cuentan con una flora intestinal capaz de convertir sus componentes en S-equol. Dado que muchas no logran hacerlo, el S-equol se puede tomar directamente. Aunque no es una hormona, puede ser más eficaz que la terapia de reemplazo hormonal para aliviar los sofocos.[14]

Para más información sobre cómo usar estos y otros ingredientes nutracéuticos, visita la página de recursos www.hormonehealingcookbook.com/resources

---

CAPÍTULO 7

Insomnio

Cada vez más personas comprenden lo importante que es dormir para la salud general, pero muchas siguen sin entender que la falta de sueño empeora casi cualquier síntoma imaginable.

Casi todas las funciones conocidas del cuerpo se guían por el ritmo circadiano. El ciclo diario es aquél en el que se llevan a cabo las acciones. Es el momento de actividad, de un metabolismo más rápido, de movimiento y agilidad mental. El ciclo nocturno es el de reparación, mantenimiento y preparación para el día siguiente.

De las hormonas que hemos mencionado, la melatonina y el cortisol son las que más regulan este ritmo. Nuestro hipotálamo estimula las glándulas suprarrenales para que produzcan una descarga de cortisol por la mañana llamada «respuesta del cortisol al despertar». Imagínatelo como una cafetera incorporada con un temporizador automático. La descarga de cortisol se produce una hora antes de despertarnos y se disipa a lo largo del día.

A última hora de la tarde, los niveles de cortisol descienden de forma abrupta. La rápida disminución de cortisol activa la glándula pineal para liberar melatonina. Imagina que el cortisol y la melatonina se encuentran en extremos opuestos de un balancín. Cuando uno sube, el otro baja. El punto álgido de la melatonina se produce antes de irnos a la cama y nos adormece. La glándula pineal sigue produciendo un poco durante la noche para mantenernos dormidos. A la mañana siguiente, la respuesta del cortisol al despertar se activa y bloquea la melatonina hasta la noche siguiente.

Cada parte de nuestro cuerpo es un conjunto de células separadas: las neuronas, las células musculares, las de la piel, etc. Algunas viven sólo unos minutos y otras, varios años. Todas deben reemplazarse de forma regular. El sueño profundo es esencial para descomponer las células antiguas y generar nuevas. También es fundamental para almacenar comida como combustible de manera adecuada. Con el sueño, las calorías se alojan en el hígado y los músculos de forma que les resulte fácil servirse de ellas.

Si dormimos demasiado poco, las mismas calorías se almacenan como grasa visceral. Es más difícil llegar a este tipo de combustible almacenado que se convierte en fuente problemática de inflamación.

¿Dormir mejor puede ser útil? Para responder, piensa en lo que sientes cuando estás de vacaciones. ¿Más feliz y más alerta? ¿Parece que la vida fluye mejor? Se cree que gran parte de la felicidad que sentimos en vacaciones se debe a la dosis extra de sueño. ¿No sería genial sentirla todos los días?

Tipos y síntomas del insomnio

Hay muchas maneras de tener problemas con el sueño. Voy a mostrarte algunos de ellos por si te resultan familiares. Con suerte, empezarás a mejorar la calidad del sueño con las soluciones alimentarias que ofrezco en este libro.

El insomnio crónico se define como la incapacidad para dormir bien tres o más días a la semana durante un mes o más. Si esta cifra es menor, se conoce como insomnio intermitente. El crónico se puede considerar primario cuando ocurre por sí sólo o secundario cuando la causa es otra afección médica.

El insomnio grave incluye problemas como el desfase horario, dormir en una nueva cama o falta de sueño por una pena repentina. Se puede tener dificultades para quedarse dormido (de conciliación), permanecer dormido (de mantenimiento) o ambos. Se considera que los que no pueden quedarse dormidos sin ayuda sufren insomnio de conciliación.

Además de los problemas para dormir, algunos sufren sueño no reparador. Ciertas personas duermen cuando quieren, pero no sienten haber descansado lo suficiente cuando deberían haberlo hecho. Dado que el sueño afecta a la capacidad de sanación del cuerpo, la falta de sueño puede causar casi cualquier síntoma. Los trastornos del sueño pueden provocar somnolencia durante el día, irritabilidad y dificultad para concentrarse. Otros síntomas de la falta de sueño a menudo no se consideran tales. Los principales son aumento fácil de peso, susceptibilidad a las lesiones, dolores de cabeza y una mala digestión.

Encontrar la causa

En los últimos años, hemos descubierto que la falta de sueño es más que una molestia. Aumenta el riesgo de sufrir enfermedades cardíacas, diabetes y algunos cánceres, por lo que reduce la esperanza de vida.[1]

Para muchos, la falta de sueño es el primer indicio de menopausia o andropausia. Si dormir ha sido un problema grave durante toda tu vida, considera pedir ayuda profesional. Habla con tu doctor sobre posibles trastornos médicos para que decida si deberías ver a un especialista. Los estudios del sueño son mucho menos invasivos que en el pasado y a menudo se hacen en casa. Muchas personas sufren apnea del sueño u otros problemas fáciles de tratar de los que nunca han sido conscientes.

Quizás logres identificar problemas del sueño menos graves por tu cuenta. Sea cual sea, las recetas para mejorar el sueño te servirán de ayuda. Aquí expongo varios factores que producen falta de sueño y otros síntomas de desequilibrio hormonal.

CAFEÍNA E INSOMNIO

Si la calidad del sueño es baja, la cafeína podría ser la culpable. Aunque sólo tomes una taza de café al día, puede ser suficiente para afectar a tu descanso. Para algunas personas, incluso cantidades pequeñas de cafeína pueden producir dificultades para quedarse dormidas, permanecer dormidas, sufrir una baja calidad del sueño o sentir somnolencia durante el día.[2] Puede afectarnos de manera distinta a medida que envejecemos. Los que no tenían problemas con ella cuando eran más jóvenes pueden encontrarla problemática al hacerse mayores. Cuando hagas la prueba, evita todas las fuentes de cafeína para que puedas asegurarte. Es un componente del café, el té, el chocolate, algunos medicamentos, suplementos y alimentos de resistencia como la gelatina. Deja de tomarlos durante tres semanas para comprobar si se producen cambios. Si no, siempre puedes volver a añadirlos a tu dieta.

Aunque descubras que la cafeína afecta a tu descanso, eso no significa que no puedas volver a tomarla. A muchos les funciona más evitar tomarla uno o dos días a la semana que consumir una cantidad más pequeña cada día.

FALTA DE EJERCICIO

¿Sabes lo bien que duermen los niños cuando están agotados de tanto jugar? Bueno, ¡pues con los adultos es igual! La actividad física es necesaria para que los cambios circadianos del cuerpo nos ayuden a quedarnos dormidos. El punto de partida más eficaz puede ser un paseo de veinte minutos después de cenar. Con esto, se reducen los niveles de cortisol y se activa la producción de melatonina del cuerpo, lo que nos permite quedarnos dormidos.

PRIORIZA EL DESCANSO

¿Cuántas horas duermes cuando no te tienes que despertar temprano? Si sueles dormir menos en tu día a día, quizás te resulte beneficioso dedicarle más tiempo. Intenta evitar acostarte más tarde unos días que otros. Tu cuerpo rápidamente se acostumbrará a dormir a esas horas y lo considerará normal. Cuando te despiertas más temprano, lo sientes como si sufrieras por el cambio horario. Estás obligando a tu cuerpo a levantarse antes de que esté preparado. Las personas llevan mucho tiempo tratando de engañar al sueño para lograr ser funcionales sin tantas horas de descanso, pero el consenso entre los investigadores es que todos esos intentos sólo consiguen que los individuos tengan un rendimiento más bajo.

HIGIENE DEL SUEÑO

Parece que muchas de las comodidades modernas están diseñadas para evitar que durmamos. Algunos de los consejos más útiles para mantener la higiene del sueño hacen referencia a la primera hora del día.

Cada mañana, pasa media hora o más al aire libre, al Sol; si es posible, durante la primera hora después de levantarte. El Sol matutino reseteará el ritmo circadiano de tu cuerpo y te empujará a dormir catorce o dieciséis horas después. Por la noche, dedica una hora larga a descansar antes de irte a la cama. Deja a un lado los aparatos electrónicos, atenúa las luces y, si es posible, baja la temperatura de tu hogar a quince grados centígrados. Oscurece tu habitación todo lo posible. Si te resulta difícil, plantéate usar un antifaz. Si te molestan los sonidos, considera ocultarlos con ruido blanco o poniéndote unos tapones. Algunos están hechos especialmente para dormir y no se caen cuando te pones de lado.

Alimentos para mejorar la calidad del sueño

Tenemos muchas pruebas de que los alimentos adecuados mejoran la calidad del sueño. En el resto de este capítulo, hablaremos de cómo ingredientes específicos y nutrientes concretos de las comidas pueden ayudar a conciliar el sueño más rápido y tener un despertar reparador.

ARROZ NEGRO

El arroz negro entró en esta lista por tres razones. En primer lugar, los carbohidratos saludables por la noche mejoran el sueño. En segundo lugar, se ha demostrado que las dietas altas en arroz mejoran su calidad. En un estudio, se llegó a la conclusión de que el arroz jazmín una hora antes de irse a la cama reducía de forma significativa el tiempo requerido para conciliar el sueño.[3] En tercer lugar, el arroz negro es una rica fuente de polifenoles y melatonina vegetal, ambos ideales para mejorar tu momento de descanso.

¿Por qué ayudan los carbohidratos?

El sueño regular depende de hormonas como la serotonina y la melatonina. Las dietas demasiado bajas en carbohidratos reducen las hormonas del sueño y provocan un desequilibrio. En un estudio, un grupo de mujeres se sometió a una dieta baja en carbohidratos para ver cómo alteraba las etapas del sueño. Su ingesta de calorías se controló para que no consumieran más o menos que de costumbre. Dos días después, su sueño REM se redujo un 19 %.[4]

Las dietas bajas en carbohidratos suelen ser más altas en grasas. La grasa dietética causa la liberación de una hormona llamada colecistoquinina (CCK), que nos hace sentir saciados y somnolientos. Sin embargo, cuando su cantidad es excesiva, influye en la calidad del sueño.[5] Encontrar el equilibrio correcto es importante.

Componentes únicos del arroz negro

Los polifenoles son pigmentos vegetales encontrados en varios alimentos coloridos como el arroz negro, los arándanos, las alcachofas y la linaza.[6] En un estudio italiano, se demostró que los que comían más polifenoles disfrutaban de mejor calidad del sueño.[7] Con las investigaciones se ha demostrado que los polifenoles también mejoran la función cerebral de muchas maneras. Por ejemplo, reducen el riesgo de sufrir afecciones como:

- Insomnio
- Demencia
- Depresión
- Alzhéimer

El arroz negro es una de las fuentes vegetales más importantes de melatonina y polifenoles.[8]

CEREZAS

Hay muchas pruebas que avalan el papel de las cerezas para potenciar el sueño. En un estudio, se dio a personas mayores de cincuenta años con insomnio zumo de cereza o un placebo. Los que tomaban zumo de cereza disfrutaron de un aumento drástico de melatonina. Durmieron durante más tiempo y su sueño era de mejor calidad. Parece que las cerezas ayudaban a los participantes a producir melatonina porque su aumento era mayor del que podía explicarse sólo con los componentes de las cerezas.[9]

En las personas mayores de sesenta y cinco años, el insomnio se asocia a un incremento en el riesgo de caídas, lo que supone un gran problema. Las caídas son la causa más común de las roturas de cadera y los que se la rompen tienen un 50 % de riesgo de mortalidad en el año siguiente. Cuando los ancianos toman pastillas para dormir, su riesgo de caídas se multiplica por cuatro.[10] Las cerezas logran tratar el insomnio de manera eficaz en adultos mayores sin aumentar el riesgo de caídas.[11]

KIWI

El kiwi contiene gran cantidad de componentes que mejoran el sueño, como los antioxidantes o la melatonina. A medida que crecían los rumores sobre su capacidad para mejorar el descanso, un grupo de científicos decidieron hacer una prueba. Pidieron a un grupo de adultos que comiera dos kiwis antes de irse a la cama cada noche durante cuatro semanas. La duración y la calidad de su sueño se controló a través de encuestas y aparatos portátiles. Los kiwis hicieron que se durmieran un 35 % más rápido. Además, se despertaban menos a menudo. Así, obtuvieron una mejoría de más del 40 % en el índice de calidad del sueño.[12]

AVES DE CORRAL

Quizás hayas oído que el pavo tiene triptófano y, por eso, aquellos que lo comen por Acción de Gracias se sienten cansados después. Este dato festivo contiene una pizca de verdad y varios malentendidos.

El principal regulador del sueño es la melatonina. Tu cuerpo la genera a partir de la serotonina, que, a su vez, procede del triptófano. Éste es un aminoácido esencial encontrado en varios alimentos. Otros compiten con él para traspasar la barrera hematoencefálica. Los alimentos que tienen el efecto más drástico en la producción de serotonina son los que contienen más triptófano asociado a otros aminoácidos.

Las aves magras se llevan la palma como fuente alimentaria. Cuando comparamos las fuentes de triptófano basándonos en las calorías, distintas aves de corral ocupan siete de los diez puestos principales. El pollo contiene más triptófano que el pavo, pero éste tiene menos aminoácidos con los que debe competir. La insulina extrae del flujo sanguíneo los aminoácidos competidores. Cuando el nivel de aminoácidos es menor, el triptófano puede generar serotonina. El cansancio después de la cena de Acción de Gracias tiene más que ver con los atracones que con el pavo. Si no, el pollo nos adormecería más que el pavo.[13] A medida que envejecemos, a nuestros cuerpos les cuesta más producir serotonina y responder a ella. En varios ensayos clínicos, se ha demostrado que aumentar la ingesta de triptófano en nuestra dieta sirve de ayuda. En un estudio, se aumentó dicho componente dietético y mejoró la conciliación y la duración del sueño, además de reducir los síntomas de ansiedad.[14] En dichos ensayos, los alimentos ricos en triptófano se usaron a lo largo del día, no sólo a la hora de irse a la cama.

Principales fuentes alimentarias de triptófano (por raciones de 200 calorías)[15]

Pechuga magra de pollo	515 mg
Hamburguesas de pavo asado sin grasa	478 mg
Carne de pavo picada	477 mg
Muslo de pavo	462 mg
Pavo asado, carne blanca	437 mg

PISTACHOS

Como las personas, las plantas responden a los ciclos del día y la noche. Producen melatonina para controlar estos ciclos y algunas contienen suficiente para ayudarnos a dormir cuando las comemos.

La melatonina encontrada en las plantas se puede absorber igual que con los suplementos. Los investigadores han controlado los niveles de varios participantes antes y después de tomar plantas ricas en melatonina. No sólo absorbían la de la comida, sino que los empujaba a segregar más. En un sólo gramo, los pistachos contienen mucha más melatonina que cualquier otra comida, incluidas las setas, las especias y las hierbas medicinales. En distintos ensayos, se ha demostrado que los pistachos pueden contener 230 microgramos de melatonina por gramo de peso seco. Esta cantidad equivale a 6000 microgramos en una ración de poco más de 28 gramos.[16]

Soluciones nutracéuticas

La melatonina es, con diferencia, la solución nutracéutica más estudiada y mencionada. Hay muchas pruebas de que se puede usar con seguridad para ajustar el horario del sueño y acelerar su conciliación. No obstante, las dosis de melatonina de los suplementos no se basan en pruebas.

Si una dosis de melatonina es demasiado baja o alta, no funciona. Las dosis excesivas también pueden causar pesadillas y fatiga durante el día. ¿Qué significa una dosis excesiva? La mayoría de los estudios sugiere que la dosis óptima para adultos oscila entre 50 y 100 microgramos. La mayoría de los productos contiene entre veinte y cien veces esa cantidad.[17]

La mejor versión de la melatonina se encuentra dentro de las dosis óptimas y se absorbe de inmediato. En muchos estudios se ha demostrado que, cuando se ingieren dosis entre 100 y 200 microgramos, la melatonina para los adultos puede ser una manera inocua de corregir el insomnio ocasional o recuperar un horario de sueño normal. El problema es que casi todos los productos contienen una cantidad mucho más alta, normalmente entre diez y cien veces mayor. Esas megadosis de melatonina tienden a ser menos eficaces porque el cuerpo genera resistencia a dosis tan altas. Otro problema con una megadosis de melatonina es que no se puede eliminar del cuerpo antes de que amanezca, lo que lleva a la somnolencia durante el día. Puedes aprender más sobre una versión eficaz de melatonina llamada tirotonina en www.hormonehealingcookbook.com/resources

PARTE 3

Menús y recetas

CAPÍTULO 8

Menús y listas de la compra

Si quieres comer de forma saludable y mantener tus hormonas equilibradas, puedes usar todas las recetas de este libro. Te invito a que elijas las que creas que se adaptan a ti. Si tienes un único síntoma en el que te gustaría centrarte, he incluido cinco menús bisemanales de comidas que te ayudarán. Están elaborados en torno a los ingredientes más útiles para combatir el síntoma de tu elección. Antes de que empieces, aquí te dejo algunas ideas que te permitirán hacer un mejor uso de dichos menús.

Cada menú de comidas contiene listas de la compra para la semana 1 y 2. Los he creado asumiendo que cocinas para cuatro adultos. Si sólo vas a preparar la comida para una o dos personas, ajusta las medidas. Cada lista de la compra incluirá algunos alimentos perecederos y otros que suelen estar en todas las despensas. En la mayoría de los casos, sólo necesitarás comprar los primeros porque ya contarás con los segundos. Compruébalo para asegurarte. Si prefieres la versión imprimible en PDF de las listas de la compra, la encontrarás en www.hormonehealingcookbook.com/resources

En mi casa, hacemos tres comidas al día, cada una con tres o más platos distintos, por lo general uno principal y dos acompañantes. Cada uno de ellos se corresponde con las verduras, los carbohidratos o las proteínas. La grasa también es importante, pero suele colarse en los ingredientes secundarios, como el aceite de cocinar o la grasa de origen natural que se encuentra en los alimentos. En general, estamos hablando de nueve platos al día. Supongo que no tendrás tiempo de cocinarlos todos. Yo no, por lo que te lo he puesto fácil.

En cada uno de los 14 días he colocado una o dos recetas diferentes. El resto pueden ser sobras, comidas precocinadas o acompañantes fáciles de elaborar. Las primeras son sólo eso, sobras. El ejemplo más habitual será comer a mediodía las de la noche anterior.

En la mayoría de los casos, te sugeriré que cocines más cena de la necesaria para que te tomes las sobras en la comida del día siguiente. Una costumbre fácil es separar y refrigerar tu fiambrera para mañana mientras emplatas la cena. Esto también es útil para controlar las porciones. He incluido esa estrategia en los menús de comidas. Descubrirás que muchos de los platos que te sugiero que cocines en cantidades mayores se usan al día siguiente.

Quizás también percibas que los desayunos y las comidas de la mayoría de los días entre semana requieren poco tiempo. Son recetas que te ocuparán unos minutos o las sobras de la cena del día anterior. Algunos de los platos para desayunar y comer en el fin de semana son más elaborados porque la gente suele tener más tiempo. Los menús de comidas sugieren el sábado como el día principal para ir a comprar y preparar los alimentos. Revisa la lista de la compra y hazte con todo lo que necesites para la semana siguiente. Experimenta preparando las verduras antes de guardarlas. Te ahorrará mucho tiempo durante la semana. Pela y trocea los tubérculos para refrigerarlos. Pica la cebolla, empaquétala y congélala. Lava las verduras de hoja verde y colócalas en una bolsa con un trapo o papel antes de refrigerarlas.

Recuerda que cualquiera de estas recetas se puede usar en el plan de mantenimiento de mis otros programas: *The Adrenal Reset Diet, La dieta* reset *del metabolismo* y *The Thyroid Reset Diet*. En cada receta, he incluido modificaciones, si son necesarias, para las fases *reset* de estos planes dietéticos. También he incluido opciones sin gluten o veganas en cada una.

Después de las dos semanas

Pueden suceder tres posibles escenarios al final de los 14 días, cada uno con soluciones distintas.

Escenario 1: Tu síntoma se atenuó, pero sufres otro con el que necesitas ayuda. Será probablemente el caso de casi todos los lectores. ¿El primer síntoma ha mejorado tanto como te gustaría? Si es así, pasa al menú bisemanal que corresponda al siguiente síntoma más urgente. Si no, considera repetir el último menú bisemanal y dirígete al escenario 2.

Escenario 2: Tu síntoma no se ha atenuado. Mi primera sugerencia es que repitas el menú bisemanal. Algunos de los síntomas que responden bien al cambio dietético requerirán dos o tres meses para desvanecerse por completo. Quizás desees también volver a leer el capítulo sobre ese síntoma para ver si hay algún otro paso útil que te gustaría probar u otras causas que quieras investigar.

Escenario 3: Tu síntoma se ha atenuado y ya no tienes más síntomas. ¡Genial! Ahora puedes elegir entre todas las recetas para ver cuál se adapta más a ti. Si te gusta la sencillez de unos menús y listas de la compra ya elaborados, puedes seguir cualquier menú bisemanal.

Menú bisemanal para perder peso

Alimentos destacados: cayena, jengibre, lentejas y cebollas

SEMANA 1

	DESAYUNO	COMIDA	CENA
DOMINGO	Huevos revueltos con cayena	Ensalada nizarda saludable	Chili de cactus Jengibre encurtido
LUNES	Batido modelo	Sobras del domingo	Arroz con piel de cebolla Pollo al horno Brócoli hervido
MARTES	Batido de hojas de remolacha	Sobras del lunes	Ensalada de pepino con aliño de jengibre Arroz con piel de cebolla Pollo al horno
MIÉRCOLES	Avena básica	Sobras del martes	Ensalada nizarda saludable
JUEVES	Batido modelo	Sobras del miércoles	Lentejas sazonadas Tubérculos asados
VIERNES	Bolitas de higo y algarroba	Sobras del jueves	Fusión de aguacate y lentejas Tubérculos asados
SÁBADO	Batido modelo	Pollo con sésamo a la naranja	Ensalada de patata del Dr. C. Pollo desmechado

SEMANA 2

	DESAYUNO	COMIDA	CENA
DOMINGO	Pan de plátano especiado	Salteado de jengibre y ajo	Puré de patatas con ajo Pollo desmechado Brócoli hervido
LUNES	Batido modelo	Sobras del domingo	Coles con jengibre Trucha escalfada Arroz integral
MARTES	Batido de plátano y cúrcuma	Sobras del lunes	Sopa magra de cebolla Pan artesanal Trucha escalfada
MIÉRCOLES	Avena básica	Sobras del martes	Salteado de jengibre y ajo
JUEVES	Batido de almendras y manzana	Sobras del miércoles	Fideos chinos de arroz picantes con langostinos
VIERNES	Batido modelo	Sobras del jueves	Pudin de cebolla caramelizada Pollo desmechado
SÁBADO	Avena básica	Pastel de carne minestrone	Lentejas con verduras

Lista de la compra de la semana 1 (4 adultos)

BÁSICOS DE LA DESPENSA

Especias

Hojas de laurel

Pimienta negra

Pimienta de cayena

Pimentón picante

Comino molido

Sal *kosher*

Pimentón dulce

Copos de chile

Cúrcuma en polvo

Extracto de vainilla

Condimentos

Vinagre de manzana

Mostaza de Dijon

Miel

Aceite de cocinar neutro (aguacate, colza o semillas de uva)

Aceite de oliva

Vinagre de arroz

Salsa de soja tamari

Otros

Arruruz/maicena

Arroz basmati

Arroz integral

Algarroba en polvo

Leche de lino sin edulcorar

Levadura nutricional (sin ácido fólico)

Copos de avena

Estevia (edulcorante)

Azúcar moreno

Semillas de sésamo blanco

NO PERECEDEROS

500 g de almendras enteras

1 bote de alcaparras (100 g)

1 paquete de higos secos (225 g)

1 bote de aceitunas de Kalamata (280 g)

1 lata de judías (400 g)

500 g de lentejas secas

1 lata de nopales (550 g)

1 lata de pepinillos (350 g)

Proteína en polvo: lo mejor es incluir proteína de guisante o soja con, al menos, 22 gramos de proteína por ración.

1 lata de tomate entero pelado (400 g)

1 lata de pasta de tomate (115 g)

2 latas de salsa de tomate (400 g)

4 latas de bonito (150 g)

1 brik de caldo de verduras (1 l)

PERECEDEROS

Vegetales

2 aguacates medianos

500 g de zanahorias *baby*

2 plátanos

2 manojos de remolacha con hojas

3 cabezas de brócoli

1 manojo de cilantro

1 pepino mediano

- 1 paquete de tomates cherri
- 1 paquete de eneldo fresco, al menos 15 g
- 4 raciones de fruta fresca o congelada para los batidos (plátanos, bayas u otros)
- 2 cabezas de ajo
- 7 g de jengibre
- 500 g de judías verdes
- 4 limones
- 1 cogollo de lechuga mantecosa
- 2 cogollos de lechuga romana
- 1 lima
- 1 bote de champiñones blancos (225 g)
- 4 cebollas medianas
- 3 naranjas navel
- 1 manojo de orégano fresco
- 1 kg de patatas Yukon Gold
- 1 kg de patatas Russet
- 1 cebolla roja mediana
- 1 pimiento rojo
- 2 kg de tubérculos de tu elección (patatas, batatas, remolacha, nabos…)
- 1 manojo de cebolletas
- 3 chalotas medianas
- 280 g de hojas de espinaca
- 1 manojo de estragón fresco
- 1 manojo de tomillo fresco
- 1 tomate mediano
- 1 paquete de mangos congelados (entre 280 y 450 g)

Proteínas y lácteos

- 500 g de carne magra picada (90-97 %) de ternera
- 4 kg de pechugas de pollo
- 3 docenas de huevos

Notas para días específicos de la semana 1

DOMINGO

Hoy es un día grande en la cocina. Si vas mal de tiempo, puedes hacer suficiente comida a mediodía para que tengas cena y sobras (sugiero hacer el chili de cactus). También puedes hacer el pollo al horno hoy y meterlo en la nevera.

JUEVES

Las bolitas de higo y algarroba aparecen en el horario para el desayuno de mañana. No se tarda mucho, pero quizás prefieras hacerlas esta noche y tenerlas listas en la nevera a primera hora.

SÁBADO

Esta noche y mañana usarás el pollo desmechado. Busca algo de tiempo para cocinar gran cantidad. También te sugiero, si puedes, que cocines el pan de plátano especiado de mañana con antelación.

Lista de la compra de la semana 2 (4 adultos)

BÁSICOS DE LA DESPENSA

Especias

Hojas de laurel

Pimienta negra

Pimienta de cayena

Ajo en polvo

Sal *kosher*

Pimentón dulce

Cúrcuma en polvo

Extracto de vainilla

Condimentos

Vinagre de manzana

Aceite de cocinar neutro (aguacate, colza o semillas de uva)

Aceite de oliva

Salsa de soja tamari

Aceite de sésamo tostado

Otros

Harina común (cruda, sin enriquecer)

Arruruz/maicena

Levadura en polvo (sin aluminio)

Bicarbonato sódico

Harina panadera

Arroz integral

Leche de lino sin edulcorar

Copos de avena

Estevia (edulcorante)

Azúcar moreno

Semillas de sésamo blanco

Vino blanco

Harina integral de trigo

NO PERECEDEROS

1 bote de compota de manzana sin edulcorar (225 g)

3 briks de caldo de ternera (1 l)

1 lata de judías cannellini (400 g)

500 g de pasta integral

Mantequilla de cacahuete con textura crujiente

Proteína en polvo: lo mejor es incluir proteína de guisante o soja con, al menos, 22 gramos de proteína por ración.

1 paquete de fideos chinos de arroz (350 g)

1 lata de tomate entero pelado (400 g)

1 lata de pasta de tomate (115 g)

1 brik de caldo de verduras (1 l)

PERECEDEROS

Vegetales

1 manzana Granny Smith

1 kg de zanahorias

4 plátanos

5 cabezas de brócoli

1 paquete de tomates cherri

1 manojo de cebollino

1 manojo de col rizada

1 paquete de edamame congelado (sin vainas)

4 raciones de fruta fresca o congelada para los batidos (plátanos, bayas u otros)

3 cabezas de ajo

7 g de jengibre

2 jalapeños frescos

1 limón

450 g de champiñones blancos

4 cebollas medianas

2 cebollas dulces medianas

1 manojo de orégano fresco

1 pimiento rojo

500 g de patatas rojas

1,5 kg de patatas Yukon Gold

280 g de hojas de espinaca

1 manojo de tomillo fresco

1 kg de calabacines

Proteínas y lácteos

2 kg de pechugas de pollo

1 docena de huevos

2 kg de filetes de trucha

500 g de carne magra picada (90-97 %) de pavo

500 g de langostinos frescos o congelados (entre 21 y 29)

Notas para días específicos de la semana 2

DOMINGO

Tómate la libertad de intercambiar las recetas del mediodía y la cena. Si tienes sobras, también pueden servirse en cualquiera de los dos momentos.

LUNES

La proteína de esta noche es la trucha escalfada. Puedes hacer una ración adicional para mañana por la noche, pero cocínala un poco menos.

Si quieres probar el pan de plátano especiado de mañana, puedes preparar la masa u hornearlo. Mañana tomaremos un poco de ese pan. Puedes hacerlo entonces o empezar ahora y darle un día extra para que fermente.

MIÉRCOLES

Un día bastante tranquilo. Necesitarás el pollo desmechado mañana y al día siguiente. Puedes hacerlo hoy o mañana.

SÁBADO

¡Ya has terminado! Hora de planear el siguiente paso. ¿Optar por otro menú bisemanal? ¿Repetir tus recetas favoritas? ¿Probar recetas fuera de un plan?

Menú bisemanal para obtener energía

Alimentos destacados: almendras, remolacha, ajo, avena y nueces

SEMANA 1

	DESAYUNO	COMIDA	CENA
DOMINGO	Muesli sabroso y picante	Salteado de pollo con almendras	Crema de calabaza con almendras al curri Pollo desmechado Arroz integral
LUNES	Batido modelo	Sobras del domingo	Pastel de carne minestrone
MARTES	Batido de hojas de remolacha	Sobras del lunes	Pollo al horno Salsa de limón y ajo Arroz integral
MIÉRCOLES	Avena básica	Sobras del martes	Patatas con ajo Trucha escalfada Brócoli hervido
JUEVES	Batido modelo	Sobras del miércoles	Ajo asado Pan artesanal Trucha escalfada Hojas de espinaca con aliño de soja y sésamo
VIERNES	Muesli con dos ingredientes Batido modelo	Sobras del jueves	Pesto clásico de nueces Pan artesanal Pollo al horno
SÁBADO	Pastel de fruta de melocotón y nueces Batido modelo	Ensalada de remolacha Pan artesanal Tofu al horno	*Risotto* de avena cortada Pollo al horno Brócoli hervido

SEMANA 2

	DESAYUNO	COMIDA	CENA
DOMINGO	Batido modelo	Pastel de carne minestrone	Pollo con cítricos y romero Tubérculos asados (con remolacha)
LUNES	Batido modelo	Sobras del domingo	Puré de patatas con ajo Pollo al horno Ensalada diaria
MARTES	Muesli sabroso y picante Batido modelo	Sobras del lunes	Ensalada de remolacha Tofu al horno Pastel de fruta de melocotón y nueces
MIÉRCOLES	Avena básica	Sobras del martes	Pollo con chili verde
JUEVES	Batido de almendras y manzana	Sobras del miércoles	Pollo desmechado Pesto clásico con nueces (y pasta) Ensalada diaria
VIERNES	Batido modelo	Sobras del jueves	Pollo desmechado Ajo asado Pan artesanal Brócoli hervido
SÁBADO	Galletas de remolacha Batido modelo	Pastel de carne minestrone	Salteado de pollo con almendras

Lista de la compra de la semana 1 (4 adultos)

BÁSICOS DE LA DESPENSA

Especias

Hojas de laurel

Pimienta negra

Pimienta de cayena

Curri en polvo

Ajo en polvo

Sal *kosher*

Pimentón ahumado

Copos de chile

Tomillo seco

Pimienta blanca

Condimentos

Miel

Aceite de cocinar neutro (aguacate, colza o semillas de uva)

Aceite de oliva

Vinagre de arroz

Salsa de soja tamari

Aceite de sésamo tostado

Otros

Arruruz/maicena

Arroz basmati

Harina panadera

Arroz integral

Leche de lino sin edulcorar

Levadura nutricional (sin ácido fólico)

Copos de avena

Estevia (edulcorante)

Azúcar moreno

Harina integral de trigo

NO PERECEDEROS

500 g de almendras enteras

1 lata de judías cannellini (400 g)

1 bote de sirope de arce (225 g)

500 g de pasta integral

Proteína en polvo: lo mejor es incluir proteína de guisante o soja con, al menos, 22 gramos de proteína por ración.

1 lata de tomate entero pelado (400 g)

1 lata de pasta de tomate (400 g)

1 brik de caldo de verduras (1 l)

1 paquete de nueces (225 g)

PERECEDEROS

Vegetales

225 g de albahaca fresca

1 manojo de remolachas con sus hojas

4 cabezas de brócoli

1 manojo de cebolletas frescas

1 manojo de cilantro

4 raciones de fruta fresca o congelada para los batidos (plátanos, bayas u otros)

2 cabezas de ajo

7 g de jengibre

3 limones

2 limas

1 paquete de mangos congelados (entre 300 y 450 g)

1 paquete de champiñones (225 g)

2 cebollas medianas

2 cebollas dulces medianas

1 manojo de orégano fresco

1,5 kg de melocotones

500 g de guisantes congelados

1 kg de patatas Yukon Gold

2 kg de tubérculos de tu elección (patatas, batatas, remolachas, nabos…)

1 manojo de cebolletas

280 g de hojas de espinaca

1 calabaza *kabocha*

500 g de calabacines

Proteínas y lácteos

4 kg de pechugas de pollo

1 docena de huevos

1 bolsa de guisantes congelados (500 g)

2 bloques de tofu extrafirme (425 g)

500 g de filetes de trucha

500 g de carne magra picada (90-97 %) de pavo

Notas para días específicos de la semana 1

DOMINGO

Cuando cocines arroz integral esta noche, haz una ración adicional y refrigérala para la cena del martes.

MIÉRCOLES

La proteína de esta noche es trucha escalfada. Puedes hacer una ración adicional para mañana por la noche, pero cocínala un poco menos.

JUEVES

¿Vas con prisas por la mañana? Si es así, haz hoy el muesli con dos ingredientes de mañana. También puedes hacer el doble de raciones de pollo al horno para los próximos dos días.

SÁBADO

¡Día de ir al supermercado! Revisa la lista de la compra.

Lista de la compra de la semana 2 (4 adultos)

BÁSICOS DE LA DESPENSA

Especias

Hojas de laurel

Pimienta negra

Canela molida

Comino molido

Sal de ajo

Sal *kosher*

Orégano seco

Tomillo seco

Extracto de vainilla

Pimienta blanca

Condimentos

Vinagre de manzana

Mostaza de Dijon

Aceite de cocinar neutro (aguacate, colza o semillas de uva)

Aceite de oliva

Salsa de soja tamari

Aceite de sésamo tostado

Otros

Harina común (cruda, sin enriquecer)

Arruruz/maicena

Levadura en polvo (sin aluminio)

Bicarbonato sódico

Harina panadera

Arroz integral

Leche de lino sin edulcorar

Sirope de arce

Copos de avena

Estevia (edulcorante)

Azúcar moreno

Tapioca en polvo

Harina integral de trigo

NO PERECEDEROS

500 g de almendras enteras

1 tarro de mantequilla de almendras

2 briks de caldo de pollo (1 l)

3 latas de judías cannellini (400 g)

500 g de pasta integral

Proteína en polvo: lo mejor es incluir proteína de guisante o soja con, al menos, 22 gramos de proteína por ración.

1 bote de salsa verde (225 g o más)

1 lata de tomate entero pelado (400 g)

1 lata de pasta de tomate (115 g)

1 brik de caldo de verduras (1 l)

1 paquete de nueces (225 g)

PERECEDEROS

Vegetales

1 manzana Granny Smith

225 g de albahaca fresca

1 manojo de remolachas

2 cabezas de brócoli

500 g de zanahorias

2 pepinos

4 raciones de fruta fresca o congelada para los batidos (plátanos, bayas u otros)

4 cabezas de ajo

7 g de jengibre

2 jícamas medianas

500 g de puerros

3 limones

450 g de champiñones blancos

4 cebollas medianas

2 cebollas dulces medianas

1 manojo de orégano fresco

1 manojo de perejil fresco

1,5 kg de melocotones

500 g de guisantes congelados

500 g de patatas rojas

1,5 kg de patatas Yukon Gold

2 kg de tubérculos de tu elección (patatas, batatas, remolachas, nabos…)

1 manojo de romero fresco

1 puñado de rábanos

1 manojo de cebolletas

280 g de hojas de espinaca

1 kg de calabacines

Proteínas y lácteos

4 kg de pechugas de pollo

1 docena de huevos

2 bloques de tofu extrafirme (425 g)

1 kg de carne magra picada (90-97 %) de pavo

Notas para días específicos de la semana 2

DOMINGO

Esta noche y mañana toca pollo al horno. Asegúrate de cocinar el doble.

MARTES

Esta noche y mañana toca tofu al horno. Asegúrate de cocinar el doble.

JUEVES

Esta noche y mañana toca pollo desmechado. Asegúrate de cocinar el doble.

SÁBADO

¡Ya has terminado! Hora de planear el siguiente paso. ¿Optar por otro menú bisemanal? ¿Repetir tus recetas favoritas? ¿Probar recetas fuera de un plan?

Menú bisemanal para gozar de claridad mental

Alimentos destacados: albahaca, bayas, verduras de hoja verde, romero y trucha

SEMANA 1

	DESAYUNO	COMIDA	CENA
DOMINGO	Magdalenas de arándanos Batido modelo	Pollo con cítricos y romero Arroz integral Ensalada diaria	Berenjena *thai* con albahaca
LUNES	Batido modelo	Sobras del domingo	Pesto de espinacas y aguacate (con pasta) Pollo desmechado
MARTES	Batido de avena con arándanos	Sobras del lunes	Patatas asadas con romero Pollo desmechado Brócoli hervido
MIÉRCOLES	Avena básica	Sobras del martes	Trucha al horno con hinojo Arroz integral
JUEVES	Batido modelo	Sobras del miércoles	Fideos chinos de arroz picantes con langostinos
VIERNES	Batido de hojas de remolacha	Sobras del jueves	Brochetas de tomate, sandía y albahaca Tofu al horno Pan artesanal
SÁBADO	Mermelada de chía y cereza Pan artesanal	Sobras del viernes	Pescado blanco glaseado con miso Ensalada diaria Arroz negro hindú

SEMANA 2

	DESAYUNO	COMIDA	CENA
DOMINGO	Muesli con dos ingredientes Batido modelo	Coles con jengibre Pollo al horno Arroz negro hindú	Pollo con cítricos y romero Coles con jengibre Arroz negro hindú
LUNES	Batido modelo	Sobras del domingo	*Pak choi baby* salteado Tofu al horno Arroz integral
MARTES	Avena básica	Sobras del lunes	Crema de brócoli y pistacho Pan artesanal Tofu al horno
MIÉRCOLES	Batido modelo	Sobras del martes	Trucha al papillote Ensalada diaria Arroz integral
JUEVES	Avena básica	Sobras del miércoles	Crema de coliflor y romero Pollo al horno Arroz integral
VIERNES	Batido modelo	Sobras del jueves	Pudin de cebolla caramelizada Pollo al horno
SÁBADO	Magdalenas de arándanos Batido modelo	Pastel de carne minestrone	Lentejas con verduras

Lista de la compra de la semana 1 (4 adultos)

BÁSICOS DE LA DESPENSA

Especias

Pimienta negra

Pimienta de cayena

Sal *kosher*

Pimienta blanca

Condimentos

Vinagre de manzana

Vinagre balsámico

Mostaza de Dijon

Miel

Aceite de cocinar neutro (aguacate, colza o semillas de uva)

Aceite de oliva

Vinagre de arroz

Salsa de soja tamari

Aceite de sésamo tostado

Otros

Harina común (cruda, sin enriquecer)

Arruruz/maicena

Levadura en polvo (sin aluminio)

Arroz basmati

Arroz integral

Leche de lino sin edulcorar

Levadura nutricional (sin ácido fólico)

Copos de avena

Estevia (edulcorante)

Azúcar moreno

Vino blanco para cocinar

Harina integral de trigo

NO PERECEDEROS

500 g de almendras enteras

1 bote de compota de manzana sin edulcorar (225 g)

1 brik de caldo de pollo (1 l)

1 bote de sirope de arce (225 g)

1 lata de alubias blancas (400 g)

1 paquete de fideos chinos de arroz (350 g)

Mantequilla de cacahuete con textura crujiente

Proteína en polvo: lo mejor es incluir proteína de guisante o soja con, al menos, 22 gramos de proteína por ración.

PERECEDEROS

Vegetales

2 aguacates medianos

2 manojos de albahaca fresca

1 manojo de remolacha

500 g de arándanos congelados

1 paquete de mangos congelados (entre 300 y 450 g)

1 kg de zanahorias

1 paquete de tomates cherri

2 pepinos

1 paquete de edamame congelado (sin vainas)

2 berenjenas japonesas

4 raciones de fruta fresca o congelada para los batidos (plátanos, bayas u otros)

1 cabeza de ajo

2 jalapeños frescos

2 jícamas

3 limones

1 bote de champiñones (225 g)

3 cebollas medianas

1 manojo de orégano fresco

1,5 kg de melocotones

1 pimiento rojo

1 puñado de rábanos

1 manojo de romero fresco

1 manojo de cebolletas

280 g de hojas de espinaca

1 sandía pequeña sin pepitas

Proteínas y lácteos

2,5 kg de pechugas de pollo

1 docena de huevos

500 g de langostinos congelados, pelados y limpios (entre 21 y 29)

1 bloque de tofu extrafirme (425 g)

1,5 kg de filetes de trucha

Lista de la compra de la semana 2 (4 adultos)

BÁSICOS DE LA DESPENSA

Especias

Pimienta negra

Pimienta de cayena

Sal *kosher*

Pimienta blanca

Condimentos

Vinagre balsámico

Mostaza de Dijon

Miel

Aceite de cocinar neutro (aguacate, colza o semillas de uva)

Aceite de oliva

Vinagre de arroz

Salsa de soja tamari

Aceite de sésamo tostado

Otros

Harina común (cruda, sin enriquecer)

Arruruz/maicena

Levadura en polvo (sin aluminio)

Arroz negro

Harina panadera

Arroz integral

Leche de lino sin edulcorar

Levadura nutricional (sin ácido fólico)

Copos de avena

Semillas de sésamo

Estevia (edulcorante)

Azúcar moreno

Vino blanco para cocinar

Harina integral de trigo

NO PERECEDEROS

500 g de almendras enteras

1 bote de compota de manzana sin edulcorar (225 g)

1 bote de alcaparras (100 g)

1 brik de caldo de pollo (1 l)

1 bote de aceitunas de Kalamata (280 g)

1 bote de sirope de arce (225 g)

1 paquete de pistachos pelados (225 g)

Proteína en polvo: lo mejor es incluir proteína de guisante o soja con, al menos, 22 gramos de proteína por ración.

2 briks de caldo de verduras (1 l)

PERECEDEROS

Vegetales

1 kg de *pak choi baby*

1 pimiento verde

500 g de arándanos congelados

4 cabezas de brócoli

500 g de zanahorias

1 paquete de tomates cherri

2 pepinos

2 manojos de col rizada

2 raciones de fruta fresca o congelada para los batidos (plátanos, bayas u otros)

1 cabeza de ajo

7 g de jengibre

2 jícamas

2 limones

6 cebollas medianas

2 cebollas dulces medianas

1 manojo de orégano fresco

1 manojo de perejil fresco

1 puñado de rábanos

1 manojo de romero fresco

280 g de hojas de espinaca

Proteínas y lácteos

3,5 kg de pechugas de pollo

1 docena de huevos

170 g de pasta de miso blanco

4 bloques de tofu extrafirme (425 g)

1 kg de filetes de trucha

Notas para días específicos de la semana 2

DOMINGO

Asegúrate de cocinar hoy el doble de arroz negro hindú. También puedes hacer una ración más grande y usarla en la cena del lunes, en lugar del arroz integral.

JUEVES

Esta noche y mañana toca pollo al horno. Asegúrate de cocinar el doble.

SÁBADO

¡Ya has terminado! Hora de planear el siguiente paso. ¿Optar por otro menú bisemanal? ¿Repetir tus recetas favoritas? ¿Probar recetas fuera de un plan?

Menú bisemanal para bajar la temperatura

Alimentos destacados: repollo, cítricos, higos, soja y cúrcuma

SEMANA 1

	DESAYUNO	COMIDA	CENA
DOMINGO	Bolitas de higo y algarroba Batido modelo	*Pak choi baby* salteado Pollo al horno Mijo	Crema de gambas y tofu
LUNES	Batido modelo	Sobras del domingo	Pollo al horno con limón Ensalada diaria Arroz integral
MARTES	Avena básica	Sobras del lunes	Pollo con sésamo a la naranja
MIÉRCOLES	Avena básica	Sobras del martes	Sopa de col con limón Pollo desmechado Pan artesanal
JUEVES	Batido modelo	Sobras del miércoles	*Laksa* de verduras con tofu Brócoli hervido *Kamut*
VIERNES	Batido de plátano y cúrcuma	Sobras del jueves	Crema de calabaza con almendras al curri Pollo al horno *Kamut*
SÁBADO	Batido modelo	Sobras del viernes	Vieiras salteadas con lima Brócoli hervido Quinoa

SEMANA 2

	DESAYUNO	COMIDA	CENA
DOMINGO	Barritas de higo y avena Batido modelo	Pastel de carne minestrone	Trucha escalfada *Pak choi baby* salteado Quinoa
LUNES	Batido modelo	Sobras del domingo	Ensalada de rúcula e higo Pollo desmechado Pan artesanal
MARTES	Batido de plátano y cúrcuma	Sobras del lunes	Ensalada de col y sésamo Pollo al horno Pan artesanal
MIÉRCOLES	Avena básica	Sobras del martes	Pollo al papillote con rábanos
JUEVES	Muesli con dos ingredientes Batido modelo	Sobras del miércoles	Pollo con sésamo a la naranja
VIERNES	Batido modelo	Sobras del jueves	Pollo al horno con limón Tubérculos asados Pan artesanal
SÁBADO	Bolitas de higo y algarroba Batido modelo	Pan artesanal Ensalada de rúcula e higo Pollo sobrante	Berenjena al curri con garbanzos y tomates

Lista de la compra de la semana 1 (4 adultos)

BÁSICOS DE LA DESPENSA

Especias

Pimienta negra

Canela

Algarroba en polvo

Curri en polvo

Sal *kosher*

Copos de chile

Guindillas secas

Extracto de vainilla

Pimienta blanca

Condimentos

Vinagre de manzana

Vinagre balsámico

Salsa de chili

Miel

Sirope de arce

Aceite de cocinar neutro (aguacate, colza o semillas de uva)

Aceite de oliva

Vinagre de arroz

Salsa de soja tamari

Aceite de sésamo tostado

Otros

Harina común (cruda, sin enriquecer)

Arruruz/maicena

Levadura en polvo (sin aluminio)

Harina panadera

Arroz integral

Leche de lino sin edulcorar

Levadura nutricional (sin ácido fólico)

Copos de avena

Semillas de sésamo

Estevia (edulcorante)

Azúcar moreno

Harina integral de trigo

NO PERECEDEROS

500 g de almendras enteras

1 brik de caldo de pollo (1 l)

1 lata de leche de coco *light* (250 g)

1 bote de aceitunas de Kalamata (280 g)

225 g de higos secos

500 g de *kamut* integral

1 bote de sirope de arce (225 g)

225 g de pistachos pelados

Proteína en polvo: lo mejor es incluir proteína de guisante o soja con, al menos, 22 gramos de proteína por ración.

500 g de quinoa

1 paquete de fideos chinos de arroz (225 g)

1 lata de pasta de curri rojo tailandés (115 g)

1 lata de tomate entero pelado (450 g)

1 bote de salsa de tomate (225 g)

PERECEDEROS

Vegetales

5 manojos de *pak choi baby*

1 plátano

1 manojo de remolacha

500 g de arándanos congelados

3 cabezas de brócoli

2 coliflores pequeñas

500 g de zanahorias

500 g de zanahorias *baby*

1 coliflor

1 manojo de tallos de apio

1 paquete de tomates cherri

1 manojo de cilantro

1 pepino

4 raciones de fruta fresca o congelada para los batidos (plátanos, bayas u otros)

3 cabezas de ajo

7 g de jengibre

1 jícama

2 limones

1 paquete de *lemon grass* fresco

2 limas

1 bolsa de brotes de soja verde (450 g)

450 g de champiñones blancos

3 cebollas medianas

1 manojo de orégano fresco

1 manojo de perejil fresco

1 puñado de rábanos

1 pimiento rojo

1 manojo de cebolletas

1 bolsa de tirabeques (225 g)

280 g de hojas de espinaca

2 calabazas *kabocha* medianas

500 g de calabacín

Proteínas y lácteos

5 kg de pechugas de pollo

1 docena de huevos

170 g de pasta de miso blanco

500 g de vieiras congeladas

500 g de gambas congeladas

1 bloque de tofu extrafirme (425 g)

1 bloque de tofu suave (425 g)

Notas para días específicos de la semana 1

DOMINGO

Es genial tener a mano las bolitas de higo y algarroba. Tómate la libertad de hacer una ración más grande para usarlas como aperitivo en el futuro.

JUEVES

Multiplica por cuatro la ración de *kamut*. Lo necesitaremos mañana y el sábado. También puedes reemplazarlo por cualquier otro cereal integral.

SÁBADO

Haz una ración doble de quinoa. ¡Día de ir al supermercado! Revisa la lista de la compra.

Lista de la compra de la semana 2 (4 adultos)

BÁSICOS DE LA DESPENSA

Especias

Hojas de laurel
Pimienta negra
Pimienta de cayena
Canela
Algarroba en polvo
Curri en polvo
Sal *kosher*
Orégano seco
Copos de chile
Tomillo seco
Cúrcuma en polvo

Condimentos

Vinagre de manzana
Vinagre balsámico
Mostaza de Dijon
Miel
Sirope de arce
Aceite de cocinar neutro (aguacate, colza o semillas de uva)
Aceite de oliva
Vinagre de arroz
Salsa de soja tamari
Aceite de sésamo tostado

Otros

Harina común (cruda, sin enriquecer)
Arruruz/maicena
Bicarbonato sódico
Harina panadera
Leche de lino sin edulcorar
Levadura nutricional (sin ácido fólico)
Copos de avena
Semillas de sésamo
Estevia (edulcorante)
Azúcar moreno
Harina integral de trigo

NO PERECEDEROS

500 g de almendras enteras
1 bote de compota de manzana sin edulcorar (225 g)
1 lata de judías cannellini (400 g)
1 brik de caldo de pollo (1 l)
1 lata de garbanzos (400 g)
1 lata de leche de coco (250 g)
225 g de higos secos
Proteína en polvo: lo mejor es incluir proteína de guisante o soja con, al menos, 22 gramos de proteína por ración.
1 lata de tomate entero pelado (450 g)
1 lata de pasta de tomate (115 g)

PERECEDEROS

Vegetales

2 manojos de rúcula

2 manojos de *pak choi baby*

1 plátano

1 manojo de remolacha

500 g de arándanos congelados

2 manojos de brócoli

1 cabeza mediana de col

500 g de zanahorias

1 paquete de tomates cherri

1 manojo de cilantro

1 pepino

1 berenjena mediana

4 raciones de fruta fresca o congelada para los batidos (plátanos, bayas u otros)

3 cabezas de ajo

7 g de jengibre

1 jícama

4 limones

2 limas

2 cebollas medianas

1 cebolla dulce mediana

1 cebolla roja

1 manojo de orégano fresco

1 manojo de perejil fresco

2 puñados de rábanos

2 kg de tubérculos de tu elección (patatas, batatas, nabos, chirivías...)

1 manojo de cebolletas

280 g de hojas de espinaca

500 g de batatas

500 g de calabacín

Proteínas y lácteos

4 kg de pechugas de pollo

1 docena de huevos

170 g de pasta de miso blanco

1 kg de filetes de trucha

1 kg de carne magra picada (90-97 %) de pavo

Notas para días específicos de la semana 2

DOMINGO

Necesitarás algo de pan para la cena de mañana. Puedes hacerlo entonces o empezar hoy si quieres darle un día extra para que fermente.

SÁBADO

¡Ya has terminado! Hora de planear el siguiente paso. ¿Optar por otro menú bisemanal? ¿Repetir tus recetas favoritas? ¿Probar recetas fuera de un plan?

Menú bisemanal para dormir mejor

Alimentos destacados: arroz negro, cerezas, kiwi, pistachos y aves de corral

SEMANA 1

	DESAYUNO	COMIDA	CENA
DOMINGO	Pastel fácil de cerezas Batido modelo	Pan artesanal Ensalada de remolacha asada y pistachos Pollo desmechado	Compota de cereza y romero Pollo desmechado Pan artesanal Ensalada diaria
LUNES	Batido modelo	Sobras del domingo	Arroz prohibido con *tempeh*
MARTES	Batido modelo	Sobras del lunes	Pollo al horno con pimentón y coles de Bruselas
MIÉRCOLES	Avena básica	Sobras del martes	Arroz negro hindú Pollo escalfado con jengibre Brócoli hervido
JUEVES	Batido modelo	Sobras del miércoles	Tofu al horno Arroz negro hindú Ensalada diaria
VIERNES	Avena básica	Sobras del jueves	Tubérculos asados Tofu al horno Brócoli hervido
SÁBADO	Batido modelo	Sobras con ensalada de pepino y kiwi	Pollo al horno Pan de kiwi Ensalada diaria

SEMANA 2

	DESAYUNO	COMIDA	CENA
DOMINGO	Pan de kiwi Batido modelo	Salteado de jengibre y ajo	Pollo al horno Pan artesanal Ensalada diaria Pistachos tostados con guindillas
LUNES	Batido modelo	Sobras del domingo	Crema de pistacho y brócoli Pollo al horno Arroz integral
MARTES	Batido modelo	Sobras del lunes	Pollo con sésamo a la naranja
MIÉRCOLES	Avena básica	Sobras del martes	Pollo al horno con pimentón y coles de Bruselas
JUEVES	Pudin de chía y kiwi Batido modelo	Sobras del miércoles	Ensalada de remolacha asada y pistachos Tofu al horno
VIERNES	Avena básica	Sobras del jueves	Arroz prohibido con *tempeh*
SÁBADO	Mermelada de chía y cereza Pan artesanal	Sobras con ensalada de pepino y kiwi	Pollo escalfado con jengibre Ensalada diaria Aliño de soja y sésamo Arroz integral

Lista de la compra de la semana 1 (4 adultos)

BÁSICOS DE LA DESPENSA

Especias

Pimienta negra

Comino molido

Sal de ajo

Especias italianas

Sal *kosher*

Cebolla en polvo

Pimentón dulce

Copos de chile

Condimentos

Vinagre de manzana

Vinagre balsámico

Mostaza de Dijon

Miel

Sirope de arce

Aceite de cocinar neutro (aguacate, colza o semillas de uva)

Aceite de oliva

Vinagre de arroz

Salsa de soja tamari

Aceite de sésamo tostado

Otros

Harina común (cruda, sin enriquecer)

Arruruz/maicena

Levadura en polvo (sin aluminio)

Bicarbonato sódico

Harina panadera

Arroz negro

Arroz integral

Leche de lino sin edulcorar

Levadura nutricional (sin ácido fólico)

Copos de avena

Semillas de sésamo

Estevia (edulcorante)

Azúcar moreno

Nueces

Harina integral de trigo

NO PERECEDEROS

500 g de almendras enteras

1 bote de compota de manzana sin edulcorar (225 g)

3 latas de judías cannellini (400 g)

1 brik de caldo de pollo (1 l)

1 lata de garbanzos (400 g)

1 lata de leche de coco (250 g)

225 g de higos secos

225 g de pistachos pelados sin sal

Proteína en polvo: lo mejor es incluir proteína de guisante o soja con, al menos, 22 gramos de proteína por ración.

1 bote de salsa verde (125 g o más)

1 lata de tomate entero pelado (450 g)

1 bote de salsa de tomate (115 g)

PERECEDEROS

Vegetales

2 manojos de rúcula

500 g de *pak choi baby*

1 plátano

2 manojos de remolacha

1 cabeza de brócoli

500 g de coles de Bruselas

500 g de zanahorias

1 paquete de tomates cherri

1 manojo de cilantro

3 pepinos

1 pepino tipo largo

1 berenjena mediana

4 raciones de fruta fresca o congelada para los batidos (plátanos, bayas u otros)

3 cabezas de ajo

7 g de jengibre

500 g de judías verdes

2 jalapeños

1 kg de kiwis

1 paquete de *lemon grass*

1 manojo de menta

2 botes de champiñones blancos (225 g)

4 cebollas medianas

1 puñado de rábanos

1 pimiento rojo

1 manojo de lechuga romana

1 kg de tubérculos de tu elección (patatas, batatas, nabos, chirivías…)

2 manojos de cebolletas

1 chalota mediana

280 g de hojas de espinaca

Proteínas y lácteos

4 kg de pechugas de pollo

1 docena de huevos

1 bloque de tofu extrafirme (425 g)

Notas para días específicos de la semana 1

DOMINGO

¡Hoy tenemos muchos platos con cerezas! Haz una ración doble de pollo desmechado al mediodía.

JUEVES

¡Alerta! Haz una ración doble de tofu al horno para que lo tengas listo para mañana.

MIÉRCOLES

Asegúrate de preparar una ración doble de arroz negro hindú.

SÁBADO

Cuando peles y cortes el kiwi para la ensalada de hoy, prepara suficiente para añadirlo también al pan de esta noche. ¡Día de ir al supermercado! Revisa la lista de la compra.

Lista de la compra de la semana 2 (4 adultos)

BÁSICOS DE LA DESPENSA

Especias

Pimienta negra

Comino molido

Sal de ajo

Especias italianas

Sal *kosher*

Cebolla en polvo

Orégano seco

Pimentón dulce

Copos de chile

Condimentos

Vinagre de manzana

Vinagre balsámico

Mostaza de Dijon

Miel

Sirope de arce

Aceite de cocinar neutro (aguacate, colza o semillas de uva)

Aceite de oliva

Vinagre de arroz

Salsa de soja tamari

Aceite de sésamo tostado

Otros

Harina común (cruda, sin enriquecer)

Arruruz/maicena

Levadura en polvo (sin aluminio)

Bicarbonato sódico

Harina panadera

Arroz negro

Arroz integral

Leche de lino sin edulcorar

Levadura nutricional (sin ácido fólico)

Copos de avena

Semillas de sésamo

Estevia (edulcorante)

Azúcar moreno

Nueces

Harina integral de trigo

NO PERECEDEROS

500 g de almendras enteras

1 bote de compota de manzana sin edulcorar (225 g)

500 g de semillas de chía

1 brik de caldo de pollo (1 l)

1 lata de piña cortada sin edulcorar (450 g)

450 g de pistachos pelados sin sal

Proteína en polvo: lo mejor es incluir proteína de guisante o soja con, al menos, 22 gramos de proteína por ración.

1 brik de caldo de verduras (1 l)

PERECEDEROS

Vegetales

2 manojos de remolacha

5 cabezas de brócoli

500 g de coles de Bruselas

500 g de zanahorias

500 g de cerezas frescas o congeladas

1 manojo de cilantro

1 pepino

4 raciones de fruta fresca o congelada para los batidos (plátanos, bayas u otros)

3 cabezas de ajo

7 g de jengibre

500 g de judías verdes

3 jícamas

1,5 kg de kiwis

1 paquete de *lemon grass* fresco

3 limas

1 manojo de menta

225 g de champiñones blancos

3 cebollas medianas

1 puñado de rábanos

1 manojo de lechuga romana

1 kg de tubérculos de tu elección (patatas, batatas, nabos, chirivías…)

3 manojos de cebolletas

1 bolsa de tirabeques (225 g)

280 g de hojas de espinaca

Proteínas y lácteos

4,5 kg de pechugas de pollo

1 docena de huevos

2 bloques de tofu extrafirme (425 g)

Notas para días específicos de la semana 2

LUNES

Asegúrate de hacer una ración doble de arroz para tenerlo listo mañana.

SÁBADO

¡Ya has terminado! Hora de planear el siguiente paso. ¿Optar por otro menú bisemanal? ¿Repetir tus recetas favoritas? ¿Probar recetas fuera de un plan?

CAPÍTULO 9

Recetas

Por fin llegamos al momento más esperado: la hora de comer. Antes de que nos sumerjamos en ella, tengo algunos apuntes que hacer sobre ingredientes comunes y sugerencias de cocina.

Deberías pensar en los menús como una combinación de tres elementos: verduras, proteínas y carbohidratos saludables. Las grasas son una parte saludable de la dieta, pero acaban colándose en todas las comidas sin necesidad de esforzarnos. La mayoría de los alimentos altos en proteínas también contienen grasas, igual que el aceite con el que se cocinan.

He separado las recetas para el desayuno, igual que las salsas y los aperitivos, pero el resto de los platos los he categorizado como: «Proteínas», «Carbohidratos saludables» y «Verduras». En algunas recetas, se incluyen los tres elementos, por lo que las he llamado «Platos principales».

Ingredientes y consejos de cocina

ACEITES PARA COCINAR

Mis aceites favoritos para cocinar son aquéllos con un sabor neutro, alta resistencia al calor y una cantidad generosa de fitonutrientes. Suelo elegir el de aguacate, colza o semillas de uva. El aceite de oliva virgen extra es genial, pero debería usarse sobre todo en ensaladas o como ingrediente final.

Con una buena técnica, cualquiera puede usar el aceite con moderación sin que afecte al sabor o a la transmisión del calor. El truco está en calentar la superficie donde se vaya cocina, añadir el aceite, dejar que la cure y empezar a cocinar. Uso un pulverizador que relleno con mi propio aceite. Después de calentar la sartén a fuego medio durante 30 segundos, lo rocío de manera regular. Si es necesario, utilizo una espátula de silicona para extenderlo. Luego, caliento el aceite otros 30 segundos hasta que adopta un tono brillante. En ese momento, ajusto el fuego según desee y empiezo a cocinar.

Uso la misma técnica para las bandejas de horno y las cazuelas. Les aplico un poco de calor en el horno, las saco, les añado aceite y las vuelvo a meter unos segundos antes de volver a sacarlas y añadir la comida.

SAL

Aparte de la sal en escamas Maldon, suelo optar por la sal *kosher* porque no contiene aditivos y tiene un grano más grueso que la sal común. En la mayoría de las recetas se indica la cantidad de sal en unidades de volumen, a menudo en cucharaditas. He escrito estas recetas asumiendo que se usa sal *kosher*. En otras recetas, se suele asumir que se utiliza sal común. En ellas, tendrás que duplicar el volumen de la sal *kosher*.

EDULCORANTES

Tienes varias opciones de edulcorantes. No hay pruebas de que los de origen natural sean perjudiciales cuando se usan en cantidades que tienen sentido en el contexto de tu dieta y tus necesidades corporales. Tampoco hay ninguna de que no se puedan usar en cantidades superiores a las saludables.

Mi opción por defecto es el azúcar moreno. Es rico en vitaminas y minerales complementarios y se ha demostrado que es mejor para regular los niveles de azúcar en sangre que otros edulcorantes.[1] Merece la pena mencionar que el azúcar moreno no es un edulcorante no calórico como la estevia o la fruta del monje (Luo Han Guo). Como el azúcar común, contiene apenas 15 calorías en cada cucharadita. Tiene buen sabor sin opacar al resto de la receta. Si es necesario, se puede sustituir por cualquier otro edulcorante natural como el azúcar crudo, turbinado o el de caña de azúcar sin refinar.

Otras buenas opciones son la estevia o la fruta del monje. Se pueden encontrar en polvo (en muchos productos se indica la proporción de dulzura que aportan en comparación con el azúcar común). También están disponibles en forma líquida, aunque es bastante concentrada y necesitarás hacer ajustes en las recetas de horno. Revisa la página web del productor en busca de sugerencias.

AJO Y JENGIBRE

Casi todas las recetas contienen al menos uno de estos ingredientes. Parece lo correcto pelarlos y trocearlos a mano, pero el proceso puede llevar bastante tiempo. En cualquier supermercado, hay jengibre cortado de alta calidad; búscalo en un bote en la sección de las especias o de comida asiática. También me gusta tener a mano ajo pelado, que se puede encontrar en la sección de vegetales refrigerados.

Apenas se distingue el sabor de estas opciones ya preparadas, además de que te permiten ahorrar tiempo. Me parece más probable que se usen más a menudo y en cantidades más sanas cuando requieren menos esfuerzo.

¿VEGETALES ECOLÓGICOS O CONVENCIONALES?

No te estreses con esta duda, yo no lo hago. Cuando investigamos en detalle, descubrimos que no hay razones que te empujen a elegir unos u otros. Hay productos ecológicos que siguen teniendo pesticidas mientras que los convencionales quizás se cultiven en un entorno más sostenible y pueden ser una gran manera de apoyar a los granjeros locales. Opta por aquellos que sean más frescos y baratos.

Miscelánea de consejos

TEMPERATURA DEL HORNO

Invierte en un termómetro para horno. La temperatura del interior quizás no coincida con la que has fijado. Si tienes un termómetro de horno, puedes comprobar la diferencia y ajustarla según corresponda. He usado siete hornos distintos para probar estas recetas. Uno de ellos era casi perfecto, pero todos los demás presentaban ese fallo, en ocasiones con una diferencia muy grande.

MATERIALES DE COCINA

Muchos me preguntan cuáles son los materiales más inocuos que se pueden usar en la cocina. Es una preocupación válida por los elementos químicos que se filtran a la comida, sobre todo de los plásticos y algunos metales. La otra idea que suelo tener en cuenta es su utilidad. Algunos de los materiales más «seguros» no funcionan bien.

Para cocinar y hornear, lo mejor es apostar por el acero inoxidable, el hierro fundido y el aluminio anodizado. Para la preparación de alimentos, utilizo tablas de cortar, fiambreras y utensilios de acero inoxidable, silicona, cristal y madera.

TERMÓMETRO DE COCINA

También es bueno tener un termómetro de cocina. Algunas recetas con carne especifican su temperatura. Estos termómetros suelen contar con una estrecha sonda de metal que se inserta en el alimento. Muestran la temperatura del extremo de la sonda, lo que te permite determinar la del interior. Los mejores termómetros de cocina ofrecen una lectura rápida y precisa.

Desayuno

El mejor punto de partida para nuestras recetas es la primera comida del día. Tienes múltiples opciones, incluidos batidos, cereales y productos horneados, algunos de los cuales también se pueden usar de postre. Muchos se pueden hacer la noche anterior para que tu rutina matutina sea sencilla y sin estrés.

LEYENDA DE SÍNTOMAS

 Niebla mental

 Fatiga

Sofocos

 Insomnio

 Aumento de peso

Batido de plátano y cúrcuma

SÍNTOMAS QUE COMBATE

NM Niebla mental

S Sofocos

I Insomnio

RACIONES: 1

Tiempo de preparación: 5 min

Tiempo total: 5 min

SUGERENCIA

Prepáralo justo antes del desayuno.

MODIFICACIÓN PARA EL *RESET*

Adrenal Reset

Momento: desayuno

Modificación: ninguna

***Reset* del metabolismo**

Momento: desayuno, comida

Modificación: ninguna

Thyroid Reset

Momento: cualquiera

Modificación: ninguna

OPCIÓN SIN GLUTEN

No se necesita ninguna modificación.

OPCIÓN VEGANA

No se necesita ninguna modificación.

El plátano y la cúrcuma se combinan para darle a este batido un precioso color y un sabor delicioso. El plátano emulsiona la cúrcuma, ocultando sus notas más amargas. Prueba a ponerte unos guantes de plástico cuando trabajes con la cúrcuma fresca. De lo contrario, si eres como yo, acabarás tiñendo de amarillo cualquier tela.

1 taza de leche de lino sin edulcorar

½ plátano, pelado y congelado

½ cucharadita de cúrcuma en polvo o 1 cucharadita de cúrcuma fresca

1 ración de proteína en polvo, de vainilla o sin sabor

Opcional: estevia, fruta del monje u otro edulcorante al gusto

- Introduce todos los ingredientes, excepto la proteína en polvo, en el vaso de una batidora de alta potencia.
- Tritúralos a máxima potencia durante 2 minutos o hasta que se forme una masa homogénea.
- Añade la proteína en polvo y tritura a baja potencia unos segundos para que se mezcle bien.

Batido modelo

SÍNTOMAS QUE COMBATE

- NM Niebla mental
- F Fatiga
- S Sofocos
- I Insomnio
- P Aumento de peso

RACIONES: 1
Tiempo de preparación: 5 min
Tiempo total: 5 min

SUGERENCIA
Prepáralo justo antes del desayuno.

He incluido varias recetas de batido específicas en este y otros libros, pero aquí te dejo una guía para que puedas crear la tuya. Siéntete libre de mezclar y combinar distintos ingredientes según lo que tengas a mano.

1 taza de líquido (mis preferencias en este caso son agua, aquafaba, sucedáneo de la leche o leche, mi favorita es la de lino sin edulcorar)

½ taza de hielo

Entre ½ taza y 1 taza de fruta fresca o congelada (las mejores opciones son las bayas y los plátanos)

1 ración de proteína en polvo, de vainilla o sin sabor (recomiendo la de soja o guisante)

AÑADIDOS OPCIONALES

Utiliza ¼ de taza de espesante neutro como alubias blancas cocinadas o copos de avena crudos. Omite esta parte si sirves el batido con otra receta que contenga carbohidratos.

Verduras de hoja verde como espinacas *baby*.

Edulcorantes como la estevia, la fruta del monje o el xilitol.

Potenciadores del sabor como algarroba en polvo, canela en polvo, extracto de vainilla o jengibre

- Introduce todos los ingredientes, excepto la proteína en polvo, en el vaso de una batidora de alta potencia. Tritúralos a máxima potencia durante 2 minutos o hasta que se forme una masa homogénea.
- Añade la proteína en polvo y tritura a baja potencia unos segundos para que se mezcle bien.

Batido de almendras y manzana

SÍNTOMAS QUE COMBATE

F Fatiga

P Aumento de peso

RACIONES: 1

Tiempo de preparación: 5 min

Tiempo total: 5 min

SUGERENCIA

Prepáralo justo antes del desayuno.

MODIFICACIÓN PARA EL *RESET*

Adrenal Reset

Momento: desayuno, comida

Modificación: ninguna

***Reset* del metabolismo**

Momento: desayuno, comida

Modificación: ninguna

Thyroid Reset

Momento: cualquiera

Modificación: ninguna

OPCIÓN SIN GLUTEN

No se necesita ninguna modificación.

OPCIÓN VEGANA

No se necesita ninguna modificación.

Ésta es una de mis recetas favoritas desde siempre. Me gustan las manzanas Granny Smith, pero pueden utilizarse de cualquier tipo.

¼ de taza de almendras crudas

1 taza de agua

½ taza de hielo

1 manzana Granny Smith, pelada y sin corazón

½ cucharadita de canela molida

1 ración de proteína en polvo con base vegetal, de vainilla o sin sabor

Opcional: estevia, fruta del monje u otro edulcorante al gusto

- Utiliza una batidora de alta potencia para triturar las almendras hasta convertirlas en una fina harina. Añade el agua, el hielo, la manzana y la canela. Tritúralo todo a alta potencia durante un minuto hasta obtener una masa homogénea.
- Añade la proteína en polvo y tritura a baja potencia unos segundos para que se mezcle bien. Si la proteína en polvo no contiene edulcorante, añádelo al gusto.

Batido de hojas de remolacha

SÍNTOMAS QUE COMBATE

NM Niebla mental

F Fatiga

I Insomnio

RACIONES: 1

Tiempo de preparación: 5 min

Tiempo total: 5 min

SUGERENCIA

Prepáralo justo antes del desayuno.

MODIFICACIÓN PARA EL *RESET*

Adrenal Reset

Momento: desayuno, comida

Modificación: ninguna

***Reset* del metabolismo**

Momento: desayuno, comida

Modificación: ninguna

Thyroid Reset

Momento: cualquiera

Modificación: ninguna

OPCIÓN SIN GLUTEN

No se necesita ninguna modificación.

OPCIÓN VEGANA

No se necesita ninguna modificación.

La remolacha se suele comprar por manojos, con tallos y hojas. Estas últimas contienen gran cantidad de vitaminas y nutrientes, por lo que vamos a incluirlas en este batido. Me parece más fácil guardar el jengibre fresco en el congelador y utilizar un rallador para obtener la cantidad necesaria. Al terminar, vuelvo a meterlo en el congelador.

1 taza de agua o leche de lino sin edulcorar

1 taza de hojas y tallos de remolacha, lavados y cortados en trozos gruesos

1 remolacha pequeña o mediana, lavada y cortada en cuatro partes

1 taza de mango congelado

1 cucharadita de zumo de lima

1 ración de proteína en polvo, de vainilla o sin sabor

Opcional: estevia, fruta del monje u otro edulcorante al gusto

- Introduce todos los ingredientes, excepto la proteína en polvo, en el vaso de una batidora de alta potencia.
- Tritúralos a máxima potencia durante dos minutos o hasta que se forme una masa homogénea.
- Añade la proteína en polvo y tritura a baja potencia unos segundos para que se mezcle bien.

Batido de avena con arándanos

SÍNTOMAS QUE COMBATE

NM Niebla mental

I Insomnio

P Aumento de peso

RACIONES: 1
Tiempo de preparación: 5 min
Tiempo total: 5 min

SUGERENCIA
Prepáralo justo antes del desayuno.

MODIFICACIÓN PARA EL *RESET*

Adrenal Reset
Momento: desayuno, comida
Modificación: ninguna

***Reset* del metabolismo**
Momento: desayuno, comida
Modificación: ninguna

Thyroid Reset
Momento: cualquiera
Modificación: ninguna

OPCIÓN SIN GLUTEN
No se necesita ninguna modificación.

OPCIÓN VEGANA
No se necesita ninguna modificación.

Los arándanos son un añadido habitual para la avena. Aquí te presento una receta rápida y rica en proteínas para que desayunes esta misma combinación. Si utilizas avena tradicional, tritúrala por sí sola durante 20 segundos para obtener un polvo más fino.

1 taza de leche de lino sin edulcorar

1 taza de arándanos frescos o congelados

¼ de taza de copos de avena

1 ración de proteína en polvo, de vainilla o sin sabor

Opcional: estevia, fruta del monje u otro edulcorante al gusto

- Introduce todos los ingredientes, excepto la proteína en polvo, en el vaso de una batidora de alta potencia.
- Tritúralos a máxima potencia durante dos minutos o hasta que se forme una masa homogénea.
- Añade la proteína en polvo y tritura a baja potencia unos segundos para que se mezcle bien.

Avena básica

SÍNTOMAS
QUE COMBATE

Niebla mental

Fatiga

Aumento de peso

RACIONES: 4
Tiempo de preparación: 3 min
Tiempo total: 20 min

Durante casi toda mi vida, la avena ha sido uno de mis desayunos más socorridos. Cuando hierve la mezcla, necesita muy poco calor para seguir cocinándose sin que se desborde. Si tus fuegos no cuentan con un ajuste de temperatura lo bastante bajo, puedes mover la sartén para que sólo reciba calor una parte. Aunque cocines para uno, es fácil elaborar las 4 raciones a la vez y refrigerar el resto para el futuro.

2 tazas de copos de avena

4 tazas de agua

AÑADIDOS OPCIONALES

1 ración de proteína en polvo, de vainilla o sin sabor

½ taza de arándanos

½ manzana pequeña cortada en dados

1 cucharadita de linaza molida

½ cucharadita de canela en polvo

Estevia, fruta del monje u otro edulcorante al gusto

- Mezcla los copos de avena con agua en una cazuela mediana. A fuego medio, caliéntala hasta que esté a punto de hervir mientras remueves. Baja el fuego al mínimo, cubre la cazuela y deja que se cocine durante 5 minutos.
- Retira la cazuela del fuego y deja reposar la avena 5 minutos más.
- Incluye una ración de la proteína en polvo, mezclada con la avena o añadida a un poco de agua para tomarla bebida.

DESAYUNO HORNEADO

En las siguientes páginas, encontrarás algunas recetas de desayuno al horno que puedes hacer con antelación para ahorrar algo de tiempo de tu ajetreada rutina matinal. Hornéalas la noche anterior o durante tu sesión de preparación de alimentos. Cuando se enfríen, puedes conservarlas hasta 5 días en una panera o en un recipiente hermético con papel de cocina para que absorba la humedad.

Magdalenas de arándanos

SÍNTOMAS QUE COMBATE

NM Niebla mental

I Insomnio

P Aumento de peso

RACIONES: 12

Tiempo de preparación: 15 min

Tiempo total: 40 min

SUGERENCIA

También se pueden servir como aperitivo o como carbohidratos de un plato principal.

MODIFICACIÓN PARA EL *RESET*

Adrenal Reset

Momento: desayuno, comida

Modificación: sírvelas en lugar de otras fuentes de carbohidratos.

***Reset* del metabolismo**

Momento: cena

Modificación: sírvelas en lugar de otras fuentes de carbohidratos.

Thyroid Reset

Momento: cualquiera

Modificación: ninguna

OPCIÓN SIN GLUTEN

Utiliza harina común sin gluten.

OPCIÓN VEGANA

Omite las claras de huevo y utiliza 1 cucharadita adicional de linaza molida.

Es una versión más ligera y menos dulce de las típicas magdalenas de arándanos. Funcionan también como acompañante de una comida. Me gustan los moldes para magdalenas hechos con papel vegetal porque no se pegan. Si no tienes harina de avena a mano, puedes triturar unos copos de avena con la batidora hasta que, al descomponerse, adopten la consistencia de una harina. No remuevas la mezcla demasiado tras añadir los arándanos porque la teñirán de azul.

1 taza de harina común

¾ de taza de harina de avena

2 cucharaditas de levadura en polvo sin aluminio

2 cucharadas de linaza molida

2 cucharadas de azúcar moreno o cualquier edulcorante natural de tu elección

½ taza de compota de manzana sin edulcorar

¼ de taza de claras de huevo líquidas

½ taza de leche de lino sin edulcorar o cualquier otra de tu elección

1 taza de arándanos frescos o congelados

- Precalienta el horno a 175 grados. Coloca en fila 12 moldes de papel vegetal para magdalenas.
- Bate los dos tipos de harina, la levadura en polvo, la linaza y el azúcar moreno en un bol mediano.
- En otro bol, mezcla la compota de manzana, las claras de huevo y la leche. Une la mezcla de harinas con los ingredientes líquidos hasta que sólo quede un suave rastro de la harina. Con cuidado, incorpora los arándanos.
- Llena cada molde dos tercios con la masa. Cocínala durante 25 minutos o hasta que las magdalenas se tuesten suavemente en la parte superior. Deja enfriar 10 minutos antes de servir.

Pan de kiwi

SÍNTOMAS
QUE COMBATE

Niebla mental

Fatiga

Insomnio

RACIONES: 12

Tiempo de preparación: 15 min

Tiempo total: 55 min

SUGERENCIA

Utilízalo como dosis de carbohidratos saludables de cualquier comida.

MODIFICACIÓN PARA EL *RESET*

Adrenal Reset

Momento: cualquiera

Modificación: ninguna

***Reset* del metabolismo**

Momento: cena

Modificación: sírvelo con verduras y proteínas.

Thyroid Reset

Momento: cualquiera

Modificación: ninguna

OPCIÓN SIN GLUTEN

Utiliza harina común sin gluten.

OPCIÓN VEGANA

Omite las claras de huevo y utiliza ¼ de taza de linaza, mezclada con ¼ de taza de agua. Omite la leche y usa una vegetal.

Seguro que has oído hablar del pan de plátano y el pan de calabaza. Aquí te presento una versión novedosa con un sabor cítrico y un color muy vivo. Pruébalo y te preguntarás por qué en la mayoría de las recetas insisten en usar tanta mantequilla en los panes elaborados con fruta. La harina integral blanca es harina de una variedad de trigo que es más clara de forma natural. En su lugar, puedes usar la harina integral habitual, pero es más pesada.

Aceite

1 taza de harina común

½ taza de harina integral blanca

2 cucharaditas de levadura en polvo

½ cucharadita de sal *kosher*

½ taza de azúcar moreno o cualquier edulcorante natural de tu elección

¼ de taza de compota de manzana sin edulcorar

4 claras de huevo

½ taza de leche desnatada o cualquier sucedáneo de la leche

1 taza de kiwis pelados y triturados (alrededor de 5)

- Precalienta el horno a 175 grados. Rocía el aceite en un molde para pan de 20x10 cm.
- En un bol, mezcla las harinas, la levadura en polvo, la sal y el azúcar moreno.
- En otro bol, incorpora la compota de manzana, las claras de huevo, la leche y los kiwis. Une la mezcla seca a la húmeda hasta formar una masa homogénea.
- Vierte la masa en el molde preparado. Hornea durante 40 minutos hasta que la parte superior esté ligeramente tostada.
- Deja enfriar durante 15 minutos y sírvelo.

Barritas de higo y avena

SÍNTOMAS QUE COMBATE

S Sofocos

I Insomnio

P Aumento de peso

RACIONES: 12

Tiempo de preparación: 30 min

Tiempo total: 60 min

MODIFICACIÓN PARA EL *RESET*

Adrenal Reset

Momento: comida, cena

Modificación: sírvelas en lugar de otros carbohidratos.

***Reset* del metabolismo**

Momento: cena

Modificación: para un uso ocasional, sírvelas en lugar de otros carbohidratos.

Thyroid Reset

Momento: cualquiera

Modificación: ninguna

OPCIÓN SIN GLUTEN

Utiliza avena sin gluten.

OPCIÓN VEGANA

Omite las claras de huevo y utiliza ¼ de taza de linaza, mezclada con ¼ de taza de agua.

Es mi aperitivo favorito para obtener energía en las largas rutas de senderismo. Estas barritas también son geniales para conseguir una descarga extra de energía durante el día. Si tienes la suerte de tener higos frescos, también sirven; basta con que reduzcas el agua a ½ taza. Ésta conlleva un poco más de trabajo que muchas de las otras recetas, pero puedes mantener estas barritas en la nevera hasta 5 días.

La harina de avena se puede comprar, pero no la uso lo bastante a menudo como para mantenerla en la despensa. Utilizo un procesador de alimentos para este plato. Primero, introduzco la avena y la trituro hasta que quede tan fina como la harina. Luego, incorporo los demás ingredientes secos, los trituro unas cuantas veces más, añado el resto y dejo que se mezclen.

Aceite

2 tazas de higos secos (unos 350 g)

1 taza de agua

1 cucharada de ralladura de limón

¼ de taza de sirope de arce puro

1 ½ tazas de harina de avena

1 taza de copos de avena

½ cucharadita de bicarbonato sódico

½ cucharadita de sal *kosher*

1 cucharadita de extracto de vainilla

2 claras de huevo

¼ de taza de compota de manzana sin edulcorar

- Precalienta el horno a 175 grados. Rocía el aceite en un molde cuadrado de 20x20 cm.
- Corta y elimina los tallos de los higos secos, trocéalos en cuatro partes y colócalos en una cazuela pequeña con el agua y la ralladura de limón. Haz que hiervan suavemente a temperatura media-alta antes de bajar el fuego y cocerlos durante 30 minutos. Retíralos y deja enfriar durante 10 minutos.
- Cuando se haya enfriado, vierte la mezcla en el vaso de una batidora o un procesador de alimentos. Añade el sirope de arce y tritura hasta que se forme una pasta.

- Introduce la harina de avena, los copos de avena, el bicarbonato sódico y la sal en un bol y mézclalos por completo.
- En otro bol, coloca la vainilla, las claras de huevo y la compota de manzana y mézclalos. Añade los ingredientes secos a los húmedos y remueve hasta que se mezclen ligeramente. Vierte la mitad de la masa en el molde. Utiliza una espátula para alisar la capa superior.
- Añade la pasta de higos y extiéndela sobre la primera capa de masa. Por último, vierte el resto de la mezcla de manera uniforme.
- Hornea el pastel de 25 a 30 minutos hasta que adopte un color dorado. Sácalo del horno y deja que se enfríe por completo. Córtalo en 12 barritas y guárdalas en un recipiente hermético en la nevera.

Muesli de dos ingredientes

SÍNTOMAS
QUE COMBATE

F Fatiga

I Insomnio

P Aumento de peso

RACIONES: 6
Tiempo de preparación: 3 min
Tiempo total: 15 min

SUGERENCIA
Sírvelo con proteínas para desayunar.

MODIFICACIÓN PARA EL *RESET*

Adrenal Reset
Momento: cualquiera
Modificación: sírvelo en lugar de otros carbohidratos.

***Reset* del metabolismo**
Momento: cena
Modificación: no es una cena habitual, pero puede servir. Añade proteínas y sírvelo en lugar de otras fuentes de carbohidratos.

Thyroid Reset
Momento: cualquiera
Modificación: ninguna

OPCIÓN SIN GLUTEN
Utiliza copos de avena sin gluten.

OPCIÓN VEGANA
No se necesita ninguna modificación.

¡Esta receta te va a encantar! Me gusta la avena y la textura crujiente, así que el muesli tenía que triunfar sí o sí. No obstante, los que se venden están repletos de calorías vacías por el aceite y el azúcar. Después de probar incontables versiones poco satisfactorias, aquí te dejo el culmen del muesli puro, saludable, sabroso y fácil. Está mejor con sirope de arce, pero también puedes usar miel. Si te gusta que tu muesli tenga grumos, la clave está en no removerlo. Extiéndelo sobre una bandeja, hornéalo y deja que se enfríe por completo antes de colocarlo en un recipiente.

3 tazas de copos de avena

½ taza de sirope de arce

Opcional: ½ cucharadita de sal *kosher*

- Precalienta el horno a 190 grados.
- En un bol mediano, mezcla bien todos los ingredientes. Extiéndelos sobre una bandeja y hornéalos durante 10 minutos. Deja que el muesli se enfríe y sírvelo.

Muesli sabroso y picante

SÍNTOMAS QUE COMBATE

NM Niebla mental

F Fatiga

P Aumento de peso

RACIONES: 6

Tiempo de preparación: 3 min

Tiempo total: 15 min

SUGERENCIA

Sírvelo con proteínas para desayunar.

MODIFICACIÓN PARA EL *RESET*

Adrenal Reset

Momento: desayuno

Modificación: ninguna

***Reset* del metabolismo**

Momento: cena

Modificación: sírvelo en lugar de otras fuentes de carbohidratos y grasas.

Thyroid Reset

Momento: cualquiera

Modificación: ninguna

OPCIÓN SIN GLUTEN

Utiliza copos de avena sin gluten.

OPCIÓN VEGANA

Omite las claras de huevo.

También se puede usar la avena en platos sabrosos. Este muesli es muy versátil. Puede utilizarse como aperitivo si te vas de viaje o en el desayuno junto a un batido de proteínas. ¡O como picatostes sazonados en una ensalada!

3 tazas de copos de avena

⅓ taza de sirope de arce

1 cucharadita de ajo en polvo

1 cucharadita de pimentón dulce

¼ de cucharadita de pimienta de cayena

2 claras de huevo

¼ de taza de semillas de girasol crudas

Sal *kosher* y pimienta negra recién molida al gusto

- Precalienta el horno a 190 grados.
- En un bol mediano, mezcla bien todos los ingredientes. Extiéndelos sobre una bandeja y hornéalos durante 10 minutos. Deja que el muesli se enfríe y sírvelo.

Pastel fácil de cerezas

SÍNTOMAS QUE COMBATE

NM Niebla mental

F Fatiga

I Insomnio

RACIONES: 4

Tiempo de preparación: 5 min

Tiempo total: 45 min

SUGERENCIA

Sírvelo como desayuno o acompañando cualquier comida como dosis de carbohidratos.

MODIFICACIÓN PARA EL *RESET*

Adrenal Reset

Momento: cualquiera

Modificación: ninguna

***Reset* del metabolismo**

Momento: cena

Modificación: sírvelo con proteínas y verduras sin carbohidratos ni grasas adicionales.

Thyroid Reset

Momento: cualquiera

Modificación: ninguna

OPCIÓN SIN GLUTEN

Utiliza avena y harina común sin gluten.

OPCIÓN VEGANA

Utiliza un sucedáneo de la leche.

Intenta encontrar cerezas negras y dulces congeladas para esta receta porque funcionan genial sin añadirle edulcorante. La mayoría de las otras cerezas congeladas están ácidas. Si sólo encuentras de éstas, puedes probar a añadirles la miel opcional. Las frescas sirven cuando están de temporada. Sólo tienes que deshuesarlas. Si no las encuentras, también puedes elaborar esta receta con cualquier tipo de baya o fruta de invierno. La lista de ingredientes es corta y el proceso, sencillo.

Aceite

⅓ taza de harina común

¼ de taza de copos de avena

1 cucharadita de levadura en polvo

½ cucharadita de sal *kosher*

½ taza de leche desnatada o sucedáneo de la leche

2 tazas de cerezas

Opcional: ¼ de taza de miel

- Precalienta el horno a 200 grados y rocía aceite ligeramente sobre un molde cuadrado de 20x20 cm.
- En un bol mediano, coloca la harina, la avena, la levadura en polvo y la sal y mézclalas bien. Incorpora la leche con los ingredientes secos. Deja de remover antes de que la mezcla de harina se funda por completo.
- Introduce las cerezas en el molde y vierte la masa sobre ellas. Hornea durante 40 minutos o hasta que adquiera un ligero tono marrón.
- Deja enfriar y sírvelo.

Pastel de fruta de melocotón y nueces

SÍNTOMAS QUE COMBATE

Niebla mental

F Fatiga

I Insomnio

RACIONES: 8

Tiempo de preparación: 10 min

Tiempo total: 1 h y 20 min

SUGERENCIA

Sírvelo con cualquier comida como ración de carbohidratos saludables.

MODIFICACIÓN PARA EL *RESET*

Adrenal Reset

Momento: cualquiera

Modificación: sírvelo en lugar de todas las otras fuentes de carbohidratos y grasas.

***Reset* del metabolismo**

Momento: cena

Modificación: sírvelo en lugar de todas las otras fuentes de carbohidratos y grasas.

Thyroid Reset

Momento: cualquiera

Modificación: ninguna

OPCIÓN SIN GLUTEN

Utiliza avena y harina común sin gluten.

OPCIÓN VEGANA

No se necesita ninguna modificación.

Aquí te presento una buena manera de utilizar los melocotones frescos cuando todos se maduran a la vez. También sirven los congelados. No necesitas ajustar los tiempos.

Aceite

¼ de taza de harina integral blanca

2 cucharaditas de sucedáneo de mantequilla

½ taza de copos de avena

½ taza de nueces picadas

⅓ taza de azúcar moreno o cualquier edulcorante natural de tu elección

1 cucharadita de sal *kosher*

1,2 kg de melocotones maduros, deshuesados y cortados en rodajas finas

1 cucharada de zumo de limón

- Precalienta el horno a 175 grados y rocía aceite ligeramente sobre un molde de 20x20 cm.
- Por una parte, mezcla los melocotones y el zumo de limón y distribúyelos por la superficie del molde. Por otra, en un bol mediano, mezcla la harina, el sucedáneo de mantequilla, la avena, las nueces, el azúcar moreno y la sal. Extiende la masa sobre los melocotones.
- Hornea durante 60 minutos o hasta que la fruta quede tierna y la parte superior adquiera un ligero tono marrón. Deja enfriar durante 15 minutos y sírvelo.

Bolitas de higo y algarroba

SÍNTOMAS QUE COMBATE

F Fatiga

S Sofocos

I Insomnio

RACIONES: 12

Tiempo de preparación: 5 min

Tiempo total: 5 min

SUGERENCIA

Sírvelas con un batido de proteínas para desayunar.

MODIFICACIÓN PARA EL *RESET*

Adrenal Reset

Momento: comida, cena

Modificación: sírvelas en lugar de carbohidratos y grasas e incluye proteínas.

***Reset* del metabolismo**

Momento: evítalas

Modificación: N/A

Thyroid Reset

Momento: cualquiera

Modificación: ninguna

OPCIÓN SIN GLUTEN

No se necesita ninguna modificación.

OPCIÓN VEGANA

No se necesita ninguna modificación.

Esta receta saca partido a los fitonutrientes de los higos. Prefiero usar los de la variedad Calimyrna porque tienen un sabor más neutro, pero los he hecho con higos negros Black Mission y también sirven. Utiliza este plato como desayuno en ocasiones especiales o como aperitivo con el que obtener energía para tu próxima caminata larga. Puedes utilizar cualquier fruto seco o semilla en lugar de almendras sin que cambie demasiado el sabor.

1 ½ tazas de higos secos sin los tallos (450 g)

½ taza de almendras enteras

⅓ de taza de algarroba en polvo

1 cucharadita de extracto de vainilla

½ cucharadita de canela en polvo

½ cucharadita de sal *kosher*

Opcional: harina común para espolvorear

- Coloca los higos en un bol mediano, cúbrelos con agua caliente y déjalos en remojo entre 5 y 10 minutos.
- Tritura las almendras en el bol de un procesador de alimentos hasta que formen una harina gruesa. Añade la algarroba en polvo, la vainilla, la canela y la sal.
- Escurre los higos e introdúcelos en el procesador de alimentos junto con la mezcla de almendras. Mezcla todos los ingredientes hasta obtener una masa.
- Forma las bolitas, utilizando para cada una entre 1 y 2 cucharadas de la mezcla. Espolvorea harina ligeramente si necesitas separar unas de otras.
- Guárdalas en un recipiente hermético en la nevera durante un máximo de dos semanas o en el congelador durante 3 meses.

Huevos revueltos con cayena

SÍNTOMAS QUE COMBATE

 Niebla mental

F Fatiga

P Aumento de peso

RACIONES: 4
Tiempo de preparación: 5 min
Tiempo total: 12 min

SUGERENCIA
Sírvelos como parte de una de las raciones de proteínas en el desayuno.

MODIFICACIÓN PARA EL *RESET*

Adrenal Reset
Momento: cualquiera
Modificación: con ½ ración de carbohidratos saludables para comer y 1 ración para la cena.

***Reset* del metabolismo**
Momento: cena
Modificación: con buenos carbohidratos, 1 ración.

Thyroid Reset
Momento: cualquiera
Modificación: en la fase *reset,* omite los huevos enteros y opta por 12 claras o 2 tazas de sucedáneo de huevo. Para la de mantenimiento, puedes usar los huevos enteros.

OPCIÓN SIN GLUTEN
No se necesita ninguna modificación.

OPCIÓN VEGANA
Utiliza un sustituto vegano del huevo o ¾ de taza de tofu firme troceado.

Éste es un buen desayuno rápido para cuando te apetezcan huevos. Son buenos como opción ocasional, pero no los tomo diariamente porque tienen pocas proteínas. Cada huevo sólo contiene unos 6 gramos de proteína y cada clara, 3. Si estás trabajando duro para aumentar tu ingesta de proteínas, tómalos como acompañante con un batido.

2 huevos

8 claras de huevo

4 cucharadas de agua

1 diente de ajo picado

½ cucharadita de pimienta de cayena

1 cucharadita de sal *kosher*

Aceite

- Coloca todos los ingredientes excepto el aceite en un bol mediano y bátelos con fuerza.
- Rocía ligeramente una sartén con aceite y caliéntala a fuego alto hasta que empiece a echar humo. Reduce la temperatura a fuego medio-alto.
- Vierte la mezcla de huevos en la sartén y remueve de forma constante durante 2 o 3 minutos o hasta que haya empezado a cuajar. Sírvelos enseguida.

Pan de plátano especiado

SÍNTOMAS QUE COMBATE

NM Niebla mental

F Fatiga

P Aumento de peso

RACIONES: 12

Tiempo de preparación: 15 min

Tiempo total: 40 min

SUGERENCIA

Usa este pan como postre o como ración de carbohidratos saludables.

MODIFICACIÓN PARA EL *RESET*

Adrenal Reset

Momento: cualquiera

Modificación: en lugar de otros carbohidratos como opción ocasional; incluye una fuente de proteínas.

***Reset* del metabolismo**

Momento: cena

Modificación: en lugar de otros carbohidratos como opción ocasional; incluye una fuente de proteínas.

Thyroid Reset

Momento: cualquiera

Modificación: ninguna

OPCIÓN SIN GLUTEN

Utiliza avena y harina común sin gluten.

OPCIÓN VEGANA

Omite las claras de huevo y utiliza 1 cucharada de linaza molida.

A la gente le suele sorprender lo bien que combina la pimienta de cayena con los postres. Pruébalo una vez como aparece a continuación, con ½ cucharadita de cayena, y, después, tómate la libertad de añadir toda la que desees. A mí me gusta usar una cucharadita entera. Utiliza siempre la misma marca. Si cambias, el nivel de picante puede variar de forma significativa.

Aceite

2 claras de huevo

1 taza de plátano machacado (unos 2 plátanos maduros)

¼ de taza compota de manzana sin edulcorar

1 taza de harina común

½ taza de copos de avena

½ taza de azúcar moreno o cualquier edulcorante natural de tu elección

1 ½ cucharaditas de levadura en polvo sin aluminio

½ cucharadita de bicarbonato sódico

½ cucharadita de pimienta de cayena

- Precalienta el horno a 175 grados. Rocía suavemente el aceite sobre un molde de 20x10 cm.
- En un bol mediano, mezcla las claras de huevo, los plátanos machacados y la compota de manzana.
- En otro bol mediano, fusiona la harina, la avena, el azúcar moreno, la levadura en polvo, el bicarbonato sódico y la cayena. Mezcla esta masa con los ingredientes húmedos.
- Vierte la mezcla en el molde. Hornéala durante 50 minutos o hasta que la parte superior adquiera un suave color tostado y la temperatura interna oscile entre 93 y 96 grados.
- Deja que se enfríe 10 minutos antes de servirlo.

Mermelada de chía y cereza

SÍNTOMAS QUE COMBATE

Fatiga

S Sofocos

I Insomnio

RACIONES: 16

Tiempo de preparación: 5 min

Tiempo total: 12 h

SUGERENCIA

Dado que este plato contiene gran cantidad de grasas saludables, si tienes problemas para perder peso, no tomes grasa en la comida que lo acompaña.

MODIFICACIÓN PARA EL *RESET*

Adrenal Reset

Momento: cualquiera

Modificación: sírvela en lugar de todas las otras fuentes de grasa.

***Reset* del metabolismo**

Momento: cena

Modificación: sírvela en lugar de todas las otras fuentes de grasa.

Thyroid Reset

Momento: cualquiera

Modificación: ninguna

OPCIÓN SIN GLUTEN

No se necesita ninguna modificación.

OPCIÓN VEGANA

No se necesita ninguna modificación.

Aquí tienes un acompañante perfecto para tus cereales o tu pan artesanal. Te sorprendería lo fácil que es hacer mermelada saludable. Las cerezas pueden ser frescas o congeladas. Para la piña, puedes utilizar fresca, congelada o de bote, pero no debe contener edulcorantes.

2 tazas de cerezas deshuesadas

1 taza de piña troceada

2 cucharadas de semillas de chía

- Pon las cerezas y la piña en una cacerola pequeña. Cocínalas a fuego medio durante 10 minutos sin dejar de remover y machácalas con un pisapatatas.
- Vierte la mezcla en un colador de malla gruesa para eliminar cualquier pedazo grande de piña. Resérvalos para otros usos; por ejemplo, añádelos a un batido.
- Incorpora las semillas de chía y mézclalas bien. Pasa la mermelada a un frasco y refrigérala durante toda la noche.

Compota de cereza y romero

SÍNTOMAS QUE COMBATE

NM Niebla mental

F Fatiga

I Insomnio

RACIONES: 8

Tiempo de preparación: 5 min

Tiempo total: 45 min

SUGERENCIA

Añádela al pollo o al marisco como salsa.

MODIFICACIÓN PARA EL *RESET*

Adrenal Reset

Momento: cualquiera

Modificación: ninguna

***Reset* del metabolismo**

Momento: cena

Modificación: sírvela con proteínas y verduras, sin grasas adicionales.

Thyroid Reset

Momento: cualquiera

Modificación: ninguna

OPCIÓN SIN GLUTEN

No se necesita ninguna modificación.

OPCIÓN VEGANA

No se necesita ninguna modificación.

Cuando encuentres una buena cosecha de cerezas, deshuésalas, utiliza una o dos raciones para esta receta y congela el resto para hacer batidos. Esta compota puede permanecer en la nevera durante semanas y usarse para volver excepcional cualquier plato básico de ave de corral o tofu. Si lo necesitas, puedes usar cebolla en lugar de chalotas y agua en lugar de zumo de cereza.

Aceite

2 cucharadas de chalotas picadas (1 chalota mediana)

2 ½ tazas de cerezas dulces cortadas en cuatro trozos (alrededor de 500 g de cerezas deshuesadas)

¼ de taza de nueces troceadas.

¼ de taza de zumo de cereza

1 cucharada de miel

½ cucharadita de romero seco

Sal *kosher* y pimienta negra recién molida al gusto

- Rocía una sartén con aceite y caliéntala a fuego medio-alto hasta que adopte un tono brillante.
- Sofríe las chalotas, removiendo con frecuencia durante 2 o 3 minutos o hasta que se ablanden. Añade las cerezas y las nueces. Reduce la temperatura a fuego medio y remueve durante 4 o 5 minutos hasta que se ablanden las cerezas.
- Incorpora el zumo de cereza, la miel, el romero, la sal y la pimienta y mézclalos bien. Reduce la temperatura a fuego bajo. Deja que se cocine durante 30 minutos sin tapar mientras remueves de manera ocasional.
- Pruébalo y añade sal si la necesita. Deja que se enfríe al menos 15 minutos para que se mezclen los sabores.

Pudin de chía y kiwi

El pudin de chía es mejor que la gelatina porque se puede utilizar fruta ácida. Me gustan sobre todo los kiwis amarillos para este plato. Tienen los mismos beneficios nutricionales que los verdes, pero un sabor más sutil.

- 3 cucharadas de semillas de chía
- 1 taza de leche de lino sin edulcorar
- 1 cucharada de sirope de arce
- 1 cucharadita de extracto de vainilla
- 1 taza de kiwis, pelados y troceados (unos 3 kiwis)
- 2 cucharadas de pistachos picados

- Introduce todos los ingredientes, excepto los pistachos, en el vaso de una batidora y tritúralos durante 1 o 2 minutos hasta obtener una masa homogénea.
- Vierte la mezcla en un bol, cúbrelo y refrigéralo durante, al menos, una hora. Luego, decóralo con pistachos picados y disfruta.

SÍNTOMAS QUE COMBATE

F Fatiga

S Sofocos

I Insomnio

RACIONES: 4

Tiempo de preparación: 3 min

Tiempo total: 5 min

SUGERENCIA

Dado que este plato contiene muchas grasas saludables, si tienes problemas para perder peso, no lo acompañes con otras grasas.

MODIFICACIÓN PARA EL *RESET*

Adrenal Reset
Momento: cualquiera
Modificación: ninguna

***Reset* del metabolismo**
Momento: cena
Modificación: sírvelo con carbohidratos, verduras y proteínas, sin grasas adicionales.

Thyroid Reset
Momento: cualquiera
Modificación: ninguna

OPCIÓN SIN GLUTEN

No se necesita ninguna modificación.

OPCIÓN VEGANA

No se necesita ninguna modificación.

Proteínas

Cuando elabores una comida, piensa en proteínas, carbohidratos y verduras como los bloques principales. Las mejores proporciones visuales para un plato son alrededor de ¼ de carbohidratos, ¼ de proteínas y ½ de verduras.

Merece la pena considerar de forma especial las proteínas porque para muchos pueden ser la solución a sus molestos síntomas. Lo cierto es que nadie tiene déficit de proteínas, pero eso no nos debería llevar a pensar que tenemos que evitarlas o reducir su ingesta. Tampoco sufrimos escorbuto, pero las dietas que incluyen gran variedad de vegetales ricos en vitamina C son más saludables que aquellas que proporcionan lo mínimo imprescindible. Parece que alrededor de 1 gramo de proteína por 500 g de masa corporal magra al día asegura un buen metabolismo y altos niveles de energía. La mayoría descubren que necesitan una ración de alta calidad de proteínas con cada comida para alcanzar estos niveles. Los menús que te propongo te la proporcionan.

Algunas de las recetas son comidas completas, con proteínas, carbohidratos saludables y verduras ya incorporados. Otras sólo contienen una de las dos categorías finales, por lo que puedes incluir una de éstas para completarlas.

LEYENDA DE SÍNTOMAS

Niebla mental

Fatiga

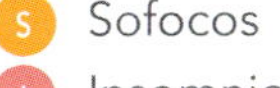
Sofocos

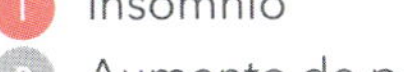
Insomnio

Aumento de peso

Pollo con sésamo a la naranja

SÍNTOMAS QUE COMBATE

- F Fatiga
- I Insomnio
- P Aumento de peso

RACIONES: 4
Tiempo de preparación: 15 min
Tiempo total: 30 min

SUGERENCIA
Sírvelo con arroz para disfrutar de un plato completo.

MODIFICACIÓN PARA EL *RESET*

Adrenal Reset
Momento: comida, cena
Modificación: sírvelo con arroz para disfrutar de un plato completo.

***Reset* del metabolismo**
Momento: cena
Modificación: sírvelo con arroz para disfrutar de un plato completo.

Thyroid Reset
Momento: cualquiera
Modificación: ninguna

OPCIÓN SIN GLUTEN
No se necesita ninguna modificación.

OPCIÓN VEGANA
Utiliza seitán, cortado en pedazos del tamaño de un bocado, en lugar de pollo.

No solemos salir a comer, pero uno de los platos favoritos de mi hijo es el pollo a la naranja. Me ha costado encontrar una versión saludable que le guste más que el de los restaurantes, pero ha merecido la pena. Tuesta las semillas de sésamo con lentitud. Tan pronto como empieces a oler su aroma, están casi listas. Si ya tienes preparado un poco de arroz, esta receta no te llevará mucho tiempo. Comienza con la salsa, sofríe el pollo, añade las verduras, decora el plato y listo.

Zumo de 3 naranjas (alrededor de 1 ½ tazas)

¼ de taza de ralladura de naranja, recién preparada

1 cucharada de miel

2 dientes de ajo picados

1 cucharada de jengibre fresco pelado y rallado (más o menos un trozo de 2,5 cm)

½ cucharadita de copos de chile

¼ de taza de salsa de soja tamari

2 cucharadas de vinagre de manzana

2 cucharadas de semillas crudas de sésamo blanco

2 cucharadas de harina de maicena o arruruz

Aceite

½ taza y 2 cucharadas de agua, por separado

2 pechugas de pollo troceadas en dados (unos 500 g)

2 tazas de floretes de brócoli

1 manojo de cebolletas lavadas, limpias, cortadas longitudinalmente y, después, en pedazos de entre 3 y 5 cm

Arroz integral cocinado (por ración)

Opcional: *sriracha* o cualquier otra salsa picante para los que quieran un toque más fuerte

- En una cazuela pequeña, mezcla el zumo y la ralladura de naranja, la miel, el ajo, el jengibre, los copos de chile, la salsa de soja tamari y el vinagre. Dales un rápido hervor y cuécelos a fuego lento durante 5 minutos.
- Mientras se está cociendo, calienta una pequeña sartén a fuego medio-bajo y añade las semillas de sésamo. Remueve con frecuencia para tostarlas durante 2 o 3 minutos o hasta que adopten un ligero tono marrón y desprendan su aroma. Retira la sartén del fuego.

- En un bol pequeño, bate la harina de maicena con ½ taza de agua. Añade la mezcla a la salsa, cuécela durante otros 5 minutos y retírala del fuego.
- Rocía una sartén de 30 centímetros con aceite. Caliéntalo a fuego medio-alto hasta que una gota de agua chisporrotee. Coloca el pollo en la sartén, sellándolo y removiéndolo hasta que esté cocinado (entre 5 y 7 minutos).
- Retira el pollo y resérvalo sin limpiar el aceite de la sartén.
- En él, sofríe el brócoli con las 2 cucharadas de agua restantes durante 2 o 3 minutos hasta que adquiera un color más vivo. Añade el pollo y la salsa. Cuécelo todo junto durante 2 o 3 minutos.
- Retíralo del fuego, viértelo sobre el arroz integral, decora con la cebolleta y las semillas de sésamo y sírvelo. Si lo deseas, añade *sriracha* al gusto.

Tofu al horno

SÍNTOMAS QUE COMBATE

Sofocos

Insomnio

RACIONES: 8

Tiempo de preparación: 20 min

Tiempo total: 40 min

MODIFICACIÓN PARA EL *RESET*

Adrenal Reset

Momento: cualquiera

Modificación: sírvelo con arroz u otra fuente de carbohidratos saludables.

***Reset* del metabolismo**

Momento: cena

Modificación: sírvelo con arroz u otra fuente de carbohidratos saludables.

Thyroid Reset

Momento: cualquiera

Modificación: ninguna

A casi todos les gusta el tofu cuando se condimenta y se cocina bien. Encontrarás tofu seco condimentado en cualquier tienda, pero tampoco es difícil de hacer. Es un buen plato básico cuando se desea cocinar grandes raciones de proteínas.

2 bloques de tofu ecológico extrafirme (entre 350 y 425 g cada uno)

2 ½ cucharadas de salsa de soja tamari

1 cucharadita de aceite de sésamo tostado

1 cucharada de sal de ajo

- Precalienta el horno a 200 grados.
- Corta el tofu en láminas de 1,5 cm cada una. Coloca un trapo grueso en la encimera y extiende las láminas en una mitad. Dóblalo sobre el tofu para cubrirlo. Coloca peso sobre él. Una tabla de cortar con una sartén pesada encima puede servir. Mantenlo presionado durante 10 minutos.
- Coloca el tofu prensado en un bol con la salsa de soja, el aceite y la sal de ajo. Mézclalo bien hasta que el tofu se impregne del todo.
- Cubre una bandeja de horno con papel vegetal o un tapete de silicona. Distribuye el tofu por la bandeja con, al menos, 2 centímetros de separación entre las láminas.
- Hornéalo durante 25 minutos y retíralo del horno. Sírvelo enseguida o refrigéralo durante un máximo de 5 días.

Salteado de pollo con almendras

SÍNTOMAS QUE COMBATE

NM Niebla mental
F Fatiga
I Insomnio

RACIONES: 4
Tiempo de preparación: 10 min
Tiempo total: 30 min

SUGERENCIA
Sírvelo con arroz para disfrutar de un plato completo.

MODIFICACIÓN PARA EL *RESET*

Adrenal Reset
Momento: cualquiera
Modificación: sírvelo con arroz o cualquier otra fuente de carbohidratos saludables.

***Reset* del metabolismo**
Momento: cena
Modificación: sírvelo con arroz o cualquier otra fuente de carbohidratos saludables.

Thyroid Reset
Momento: cualquiera
Modificación: ninguna

OPCIÓN SIN GLUTEN
Utiliza salsa de soja sin gluten.

OPCIÓN VEGANA
Omite el pollo o utiliza sucedáneo de seitán o *tempeh*. Opta por caldo de verduras, en lugar de caldo de pollo.

Aquí tienes mi versión del plato clásico de comida para llevar. Merece la pena tostar las almendras, pero hay una línea muy fina entre dejarlas en su punto y quemarlas. Las almendras laminadas funcionan mejor, pero también sirven las trituradas.

½ taza de almendras laminadas

Aceite

1 cebolla mediana, pelada y picada

1 taza de champiñones blancos, limpios, sin tallos y laminados

1 calabacín, cortado longitudinalmente y laminado

2 pechugas de pollo deshuesadas y sin piel, troceadas en dados iguales

Sal *kosher* y pimienta negra recién molida al gusto

2 dientes de ajo, picados

1 cucharada de jengibre fresco, pelado y picado

½ taza de caldo de pollo

1 cucharada de salsa de soja

1 cucharadita de aceite de sésamo tostado

1 cucharadita de azúcar moreno o cualquier edulcorante natural de tu elección

2 cucharaditas de harina de maicena o arruruz

- Calienta las almendras en una sartén a baja temperatura. Saltéalas y remuévelas frecuentemente hasta que estén ligeramente tostadas y desprendan aroma (1 o 2 minutos).
- Retira las almendras de la sartén, rocía ésta de aceite y aumenta la temperatura a fuego medio-alto. Añade la cebolla y cocínala durante 3 minutos o hasta que se ablande. Incorpora los champiñones y el calabacín y sofríelos durante 3 minutos más. Retira las verduras y vuelve a rociar con aceite.
- Agrega el pollo a la sartén y salpiméntalo. Cocínalo durante 3 o 4 minutos hasta que esté bien hecho. Trabaja por tandas si es necesario para no acumular demasiada carne en la sartén. Añade el ajo y el jengibre y sofríelo todo durante un minuto más.
- En un bol pequeño, mezcla bien el caldo de pollo, la salsa de soja, el aceite de sésamo, el azúcar moreno y la harina de maicena.
- Incorpora la salsa y las verduras a la sartén. Sofríelas durante 2 minutos o hasta que la salsa espese. Sírvelo enseguida con arroz hervido.

Pollo al horno

SÍNTOMAS QUE COMBATE

Fatiga

Aumento de peso

RACIONES: 8

Tiempo de preparación: 20 min

Tiempo total: 35 min

MODIFICACIÓN PARA EL *RESET*

Adrenal Reset

Momento: cualquiera

Modificación: sírvelo con arroz o cualquier otra fuente de carbohidratos saludables.

***Reset* del metabolismo**

Momento: cena

Modificación: sírvelo con arroz o cualquier otra fuente de carbohidratos saludables.

Thyroid Reset

Momento: cualquiera

Modificación: ninguna

Los paquetes familiares de pechugas de pollo son la mejor opción para esta receta. Asegúrate de controlar la temperatura para que no se pase. El pollo debería cocinarse hasta alcanzar los 73 grados, pero, si lo sacas del horno a 71, se seguirá cocinando hasta la temperatura adecuada.

1,5 kg de pechugas de pollo deshuesadas y sin piel, limpias de la grasa visible

1 ½ cucharaditas de sal *kosher*

- Precalienta el horno a 190 grados.
- Corta el pollo longitudinalmente en filetes de unos 2,5 cm de ancho.
- Coloca el pollo en una bandeja de horno cubierta de papel vegetal, dejando al menos 1,5 cm de distancia entre los trozos. Espolvorea sal sobre ambos lados de los filetes.
- Hornea el pollo durante 15 minutos, luego dale la vuelta y hornea 10 minutos más. Retíralo del horno cuando el centro alcance los 71 grados en un termómetro de carne. Deja que se enfríe durante 5 minutos. Sírvelo o consérvalo en la nevera durante un máximo de 5 días.

Pollo al horno con pimentón y coles de Bruselas

SÍNTOMAS QUE COMBATE

NM Niebla mental

S Sofocos

I Insomnio

RACIONES: 4

Tiempo de preparación: 20 min

Tiempo total: 1 h

SUGERENCIA

Sírvelo con arroz o patatas para disfrutar de un plato completo.

MODIFICACIÓN PARA EL *RESET*

Adrenal Reset

Momento: cualquiera

Modificación: ninguna

***Reset* del metabolismo**

Momento: cena

Modificación: sírvelo con carbohidratos, sin grasas adicionales.

Thyroid Reset

Momento: cualquiera

Modificación: ninguna

OPCIÓN SIN GLUTEN

No se necesita ninguna modificación.

OPCIÓN VEGANA

Omite el pollo y sustitúyelo por 500 g de tofu firme prensado.

Considera este plato como uno de los más socorridos cuando quieras comer pollo. Puedes probarlo con casi cualquier combinación de verduras, pero las coles de Bruselas encajan a la perfección.

MEZCLA DE ESPECIAS

1 cucharada de pimentón dulce

1 cucharadita de especias italianas

1 cucharadita de ajo en polvo

1 cucharadita de cebolla en polvo

2 cucharaditas de sal *kosher*

Varias pizcas de pimienta negra recién molida

2 pechugas de pollo deshuesadas y sin piel, cortadas y espalmadas hasta crear un grosor uniforme de unos 2,5 cm

500 g de coles de Bruselas, limpias y cortadas a la mitad longitudinalmente

Aceite

- Precalienta el horno a 200 grados.
- En un bol, mezcla todas las especias.
- Cubre las pechugas de pollo por ambos lados con la mezcla de especias. Colócalas en una bandeja de horno cubierta con papel vegetal, rodeadas de las coles de Bruselas. Rocía una fina capa de aceite sobre la carne y las verduras.
- Ásalas a media altura en el horno durante 45 minutos o hasta que las coles de Bruselas queden tiernas y el pollo tenga una temperatura interior de, al menos, 71 grados en un termómetro de carne.
- Déjalas reposar durante 5 minutos y sírvelas.

Crema de gambas y tofu

SÍNTOMAS QUE COMBATE

Fatiga
Sofocos
Insomnio

RACIONES: 4
Tiempo de preparación: 15 min
Tiempo total: 20 min

SUGERENCIA
Sírvelo con arroz.

MODIFICACIÓN PARA EL *RESET*
Adrenal Reset
Momento: comida, cena
Modificación: ninguna

***Reset* del metabolismo**
Momento: cena
Modificación: ninguna

Thyroid Reset
Momento: cualquiera
Modificación: ninguna

OPCIÓN SIN GLUTEN
No se necesita ninguna modificación.

OPCIÓN VEGANA
Omite las gambas y usa caldo de verduras en lugar de caldo de pollo. Reserva la mitad del tofu, trocéalo e incorpóralo con las zanahorias.

En muchos países como Estados Unidos, rara vez se utiliza el tofu fuera de los platos vegetarianos. No ocurre lo mismo en la mayor parte de Asia. Su sabor y textura es un añadido útil para muchos platos no vegetarianos como éste. Si no logras encontrar curri rojo tailandés, utiliza una cucharada de pimentón picante.

225 g de tofu suave

4 tazas de caldo de pollo, por separado

Aceite

6 dientes de ajo picados

1 cucharada de pasta de curri rojo tailandés

½ taza de salsa de tomate

500 g de gambas, peladas y limpias

1 zanahoria, laminada

¼ de taza de cilantro picado

- En el vaso de una batidora, mezcla el tofu con 1 taza de caldo hasta obtener una masa homogénea.
- Rocía con aceite una cazuela grande y caliéntala a fuego medio. Añade el ajo y cocínalo durante 2 minutos o hasta que adquiera un ligero tono marrón. Añade la pasta de curri y cocínala durante 1 minuto más.
- Incorpora la salsa de tomate y mezcla de manera uniforme. Agrega el tofu y el resto del caldo. Cuécelo todo durante 10 minutos, removiendo de manera ocasional.
- Añade las gambas y las láminas de zanahoria y cuécelo todo durante 3 o 4 minutos o hasta que las gambas estén cocidas en su justo punto. Retíralo del fuego, adorna con cilantro y sirve la crema.

Pollo al horno con limón

SÍNTOMAS QUE COMBATE

S Sofocos

I Insomnio

P Aumento de peso

RACIONES: 4
Tiempo de preparación: 5 min
Tiempo total: 30 min

SUGERENCIA
Sírvelo con carbohidratos saludables.

MODIFICACIÓN PARA EL *RESET*

Adrenal Reset
Momento: comida, cena
Modificación: sírvelo con arroz y verduras como plato completo.

***Reset* del metabolismo**
Momento: cena
Modificación: sírvelo con arroz y verduras como plato completo.

Thyroid Reset
Momento: cualquiera
Modificación: ninguna

OPCIÓN SIN GLUTEN
No se necesita ninguna modificación.

OPCIÓN VEGANA
Utiliza tofu firme, en lugar de pollo, y caldo de verduras, en lugar de caldo de pollo.

Ésta es otra buena manera de tomar cítricos. Si te gusta planear con antelación, tómate la libertad de usar los ingredientes líquidos para marinar el pollo entre 30 y 60 minutos antes de hornearlo. También puedes añadir algunas verduras a un lado de la bandeja de horno con una ligera capa de aceite para asarlas. Las zanahorias, los calabacines, la coliflor o la remolacha se pueden cocinar al mismo tiempo que el pollo. Me gusta espalmar las pechugas de pollo para que tengan un grosor uniforme. De esta manera, todas se cocinan a la vez y ninguna se pasa.

Aceite

2 pechugas deshuesadas y sin piel, espalmadas hasta alcanzar un grosor uniforme de 2,5 cm

1 coliflor pequeña, cortada en floretes pequeños

4 cucharadas de zumo de limón recién exprimido (de unos 2 limones; corta algunas rodajas tras exprimirlos y guárdalas para decorar)

½ taza de caldo de pollo

1 cucharada de miel

3 dientes de ajo, picados

1 cucharada de orégano seco

1 cucharadita de sal *kosher* (o al gusto)

- Precalienta el horno a 200 grados. Rocía una ligera capa de aceite en una bandeja de horno grande.
- Cubre de una fina capa de aceite una sartén grande y caliéntala a temperatura media-alta. Añade el pollo y cocínalo durante 2 o 3 minutos por cada lado hasta que adopte un tono marrón. Retira el pollo de la sartén y colócalo en la bandeja de horno con la coliflor y las rodajas de limón.
- En un bol pequeño, mezcla el caldo de pollo, el zumo de limón, la miel, el ajo, el orégano y la sal.
- Vierte la salsa sobre el pollo. Hornéalo entre 20 y 30 minutos, echando la salsa sobre la carne cada 5 minutos. Cocínalo hasta que el pollo esté hecho y alcance los 71 grados en un termómetro de carne.

Trucha al horno con hinojo

SÍNTOMAS QUE COMBATE

NM Niebla mental

F Fatiga

I Insomnio

RACIONES: 4

Tiempo de preparación: 15 min

Tiempo total: 30 min

SUGERENCIA

Sírvela con arroz basmati o patatas para disfrutar de un plato completo.

OPCIÓN SIN GLUTEN

No se necesita ninguna modificación.

OPCIÓN VEGANA

Omite la trucha y sustitúyela por 500 g de tofu firme y prensado.

Éste es uno de esos platos fáciles que seguro que impresionarán a tu público. Te recomiendo que sirvas las truchas envueltas en papel para que tus invitados las abran por sí mismos.

4 filetes de trucha (entre 150 y 170 g cada uno)

1 taza de guisantes, frescos o congelados (previamente descongelados)

Ralladura y zumo de 1 limón

1 cabeza de hinojo, finamente laminado

1 cucharadita de sal *kosher*

½ cucharadita de pimienta blanca

1 aguacate, pelado, deshuesado y troceado en dados

- Precalienta el horno a 175 grados y cubre una bandeja con papel vegetal.
- Coloca la trucha, los guisantes, la ralladura de limón y el hinojo en el centro del papel vegetal y salpimiéntalos. Dobla los extremos del papel vegetal para formar un paquete y dale la vuelta para que el peso de la comida lo mantenga cerrado.
- Hornéalo durante 12 minutos. Abre el paquete para comprobar si el pescado está blando y se deshace. Si es necesario, vuelve a meterlo unos minutos más.
- Retíralo del horno y colócalo en una fuente para servir, separando el pescado de las verduras. Añade el aguacate a éstas últimas y vierte el zumo de limón sobre el pescado.

Pollo escalfado con jengibre

SÍNTOMAS QUE COMBATE

F Fatiga
I Insomnio
P Aumento de peso

RACIONES: 4

Tiempo de preparación: 5 min
Tiempo total: 15 min

SUGERENCIA

Sírvelo con verduras o una ensalada para disfrutar de un plato completo.

MODIFICACIÓN PARA EL *RESET*

Adrenal Reset
Momento: cualquiera
Modificación: ninguna

***Reset* del metabolismo**
Momento: cena
Modificación: sírvelo con verduras.

Thyroid Reset
Momento: cualquiera
Modificación: ninguna

OPCIÓN SIN GLUTEN

No se necesita ninguna modificación.

OPCIÓN VEGANA

Utiliza tofu firme en lugar de pollo.

Éste es uno de los platos rápidos favoritos de mi familia cuando tenemos pollo y nos ha sobrado arroz. Básicamente, se utilizan grandes cantidades de ajo y jengibre para dar sabor al caldo que, a su vez, da sabor al pollo. También es un buen plato vegano si se hace con tofu.

4 tazas de agua

2 cabezas de ajo, cortadas por la mitad longitudinalmente

1 trozo de jengibre fresco de unos 10 cm de largo

4 cebolletas, limpias, sin las raíces

1 manojo de cilantro lavado

2 jalapeños sin la parte superior, los tallos ni las semillas, cortado en tiras

Zumo de 1 lima

2 pechugas deshuesadas y sin piel, cada una cortada en cuatro trozos

1 cucharada de sal *kosher* (o al gusto)

2 tazas de arroz cocido

- En una cazuela mediana, lleva el agua a ebullición y reduce a fuego medio.
- Añade el resto de los ingredientes, excepto el arroz, y cuécelos hasta que el pollo alcance 68 grados en un termómetro de carne. Saca los ingredientes del caldo antes de volver añadir el pollo y 2 de las cebolletas.
- Agrega el arroz cocido y sírvelo.

Trucha escalfada

SÍNTOMAS QUE COMBATE

NM Niebla mental

S Sofocos

I Insomnio

RACIONES: 8

Tiempo de preparación: 5 min

Tiempo total: 15 min

SUGERENCIA

Sírvelo con verduras y carbohidratos saludables de tu elección para crear un plato rápidamente.

MODIFICACIÓN PARA EL *RESET*

Adrenal Reset

Momento: comida, cena

Modificación: sírvela con arroz y verduras para disfrutar de un plato completo.

***Reset* del metabolismo**

Momento: cena

Modificación: sírvela con arroz y verduras para disfrutar de un plato completo.

Thyroid Reset

Momento: cualquiera

Modificación: ninguna

OPCIÓN SIN GLUTEN

No se necesita ninguna modificación.

OPCIÓN VEGANA

Utiliza *tempeh* en lugar de trucha.

Ésta es una manera de cocinar varias raciones de pescado para futuras recetas. Los tiempos variarán según el grosor de los filetes, así que asegúrate de controlar la temperatura. Un truco clave para precocinar el pescado es dejarlo a medio cocer a propósito, sólo un poco. Si planeas servirlo enseguida, cocínalo hasta los 57 grados y deja que repose cinco minutos antes de servirlo.

2 l de agua

3 cucharadas de sal *kosher*

1 o 2 filetes grandes de trucha, entre 700 g y 1,2 kg de peso total, cortados en 8 raciones (entre 115 y 170 g cada una)

- En una cazuela grande, lleva el agua a ebullición y añade la sal. Utiliza una espumadera para introducir el pescado en el agua.
- Cocínalo entre 5 y 7 minutos o hasta que la temperatura interna del pescado haya alcanzado 57 grados en un termómetro de carne. Saca el pescado del agua y deja que se enfríe unos 20 minutos antes de meterlo en la nevera.
- Envuelve el pescado con una capa de papel vegetal y colócalo dentro de un recipiente hermético. Puede permanecer refrigerado hasta 5 días.

Pescado blanco glaseado con miso

SÍNTOMAS QUE COMBATE

NM Niebla mental

I Insomnio

P Aumento de peso

RACIONES: 4

Tiempo de preparación: 10 min

Tiempo total: 25 min

SUGERENCIA

Prepáralo justo antes de servirlo junto con arroz para disfrutar de un plato completo.

MODIFICACIÓN PARA EL *RESET*

Adrenal Reset

Momento: comida, cena

Modificación: sírvelo con arroz para disfrutar de un plato completo.

***Reset* del metabolismo**

Momento: cena

Modificación: sírvelo con arroz para disfrutar de un plato completo.

Thyroid Reset

Momento: cualquiera

Modificación: ninguna

OPCIÓN SIN GLUTEN

No se necesita ninguna modificación.

OPCIÓN VEGANA

Omite el pescado y sustitúyelo por 700 g de tofu extrafirme.

Busca pasta blanca de miso para esta receta. Suele encontrarse en la sección refrigerada de los grandes supermercados. Yo utilizo pez de roca, pero sirve cualquier pez blanco o salmón. Asegúrate de elegir uno con poco yodo si sigues el programa de mi libro *Thyroid Reset Diet.*

5 cucharadas de pasta de miso blanco

2 cucharadas de *mirin*

1 ½ cucharadas de miel

2 cucharadas de salsa de soja tamari

1 trozo (2,5 cm) de jengibre fresco, pelado y picado

4 filetes de pez de roca (entre 170 y 225 g)

1 manojo de espárragos limpios

Sal *kosher* y pimienta negra recién molida

- Precalienta el horno a 230 grados.
- En un bol mediano, introduce el miso, el *mirin,* la miel, la salsa de soja y el jengibre. Convierte la mezcla en una pasta. Cubre ambos lados de los filetes con ella y deja que se marinen durante 10 minutos.
- En una bandeja de horno, distribuye los espárragos en cuatro grupos. Coloca un pedazo de pescado sobre cada uno. Añade sal y pimienta al gusto.
- Introduce la bandeja en el horno durante 15 minutos o hasta que el pescado se ablande.

Vieiras salteadas con lima

SÍNTOMAS
QUE COMBATE

F Fatiga
S Sofocos
I Insomnio

RACIONES: 4
Tiempo de preparación: 5 min
Tiempo total: 15 min

SUGERENCIA
Sírvelas con el pan que haya sobrado, arroz o fideos chinos y una ensalada.

MODIFICACIÓN
PARA EL *RESET*

Adrenal Reset
Momento: comida, cena
Modificación: sírvelas con arroz para disfrutar de un plato completo.

***Reset* del metabolismo**
Momento: cena
Modificación: sírvelas con arroz para disfrutar de un plato completo.

Thyroid Reset
Momento: cualquiera
Modificación: ninguna

OPCIÓN SIN GLUTEN
No se necesita ninguna modificación.

OPCIÓN VEGANA
Sustitúyelas por tofu. Enjuaga y trocea el tofu firme en rectángulos entre 1,5 y 2 cm de grosor. Distribúyelos entre las dos mitades de un trapo de cocina doblado y coloca peso encima. Mantenlos presionados durante 20 minutos o más. Luego, utilízalos para reemplazar a las vieiras.

Las vieiras no son la opción más habitual, pero son uno de los mariscos más bajos en yodo. Es un plato fácil e impresionante. Los dos trucos para llevar esta receta al máximo nivel es comprar vieiras frescas y sellarlas rápidamente. Si no las encuentras frescas, utiliza congeladas. Deberían necesitar sólo una hora aproximadamente para descongelarse si las colocas en una bandeja de metal a temperatura ambiente y les das la vuelta a la media hora.

500 g de vieiras

2 cucharaditas de sal *kosher*

Aceite

Pimienta negra recién molida al gusto

2 cucharadas de cilantro picado

1 diente de ajo picado

2 cucharaditas de zumo de lima recién exprimido

- Enjuaga y seca con suaves toquecitos cada vieira. Échales sal.
- Rocía aceite en una sartén de 30 centímetros de diámetro o más con tapa. Caliéntala a fuego medio-alto hasta que una gota de agua chisporrotee. Coloca las vieiras en la sartén, dejando entre ellas al menos 1,5 cm de distancia. Permite que las vieiras se sellen durante un minuto.
- Dales la vuelta una a una y sazónalas con la pimienta. Séllalas durante un minuto más. Cuando hayas terminado, añade a la sartén el cilantro, el ajo y el zumo de la lima. Tápala y deja que se cuezan al vapor durante 1 minuto.
- Retíralas del calor y sírvelas enseguida.

Pollo con cítricos y romero

SÍNTOMAS QUE COMBATE

NM Niebla mental

S Sofocos

I Insomnio

RACIONES: 4

Tiempo de preparación: 10 min

Tiempo total: 30 min

SUGERENCIA

Sírvelo sobre un lecho de arroz cocido.

MODIFICACIÓN PARA EL *RESET*

Adrenal Reset

Momento: comida, cena

Modificación: sírvelo con arroz para disfrutar de un plato completo.

***Reset* del metabolismo**

Momento: cena

Modificación: sírvelo con arroz para disfrutar de un plato completo.

Thyroid Reset

Momento: cualquiera

Modificación: ninguna

OPCIÓN SIN GLUTEN

No se necesita ninguna modificación.

OPCIÓN VEGANA

Utiliza *tempeh* en lugar de pollo y caldo de verduras en lugar de caldo de pollo.

Este plato tan sencillo es una buena y socorrida receta para los días entre semana. Si planeas servirlo con arroz, puedes añadir el arroz cocido durante los últimos 15 minutos de horno.

2 pechugas deshuesadas y sin piel (alrededor de 700 g)

Sal *kosher* y pimienta negra recién molida al gusto

Aceite

2 cucharaditas de hojas de romero recién picadas

2 dientes de ajo picados

¼ de taza de caldo de pollo

Zumo de 1 limón (alrededor de 3 cucharadas)

2 cucharadas de hojas picadas de perejil fresco

- Precalienta el horno a 200 grados y rocía con una fina capa de aceite una fuente para horno de 25x30 cm.
- Salpimienta las pechugas de pollo por ambos lados. Rocía de aceite una sartén grande y caliéntala a fuego medio-alto. Añade las pechugas de pollo y cocínalas de 3 a 5 minutos por cada lado o hasta que adopten un tono marrón.
- Pasa el pollo a la fuente.
- En un bol pequeño, mezcla el romero, el ajo, el caldo de pollo y el zumo de limón, y viértelos sobre el pollo. Hornéalo durante 25 minutos o hasta que alcance 73 grados en un termómetro de carne.
- Riega el pollo con la salsa que se quede en la fuente, salpícalo de perejil y sírvelo.

Pollo desmechado

SÍNTOMAS QUE COMBATE

- NM Niebla mental
- F Fatiga
- S Sofocos
- I Insomnio
- P Aumento de peso

RACIONES: 8
Tiempo de preparación: 5 min
Tiempo total: 2 h

SUGERENCIA

Sírvelo con verduras y carbohidratos saludables de tu elección para crear un plato rápidamente.

MODIFICACIÓN PARA EL *RESET*

Adrenal Reset
Momento: cualquiera
Modificación: sírvelo con arroz u otra fuente de carbohidratos saludables.

***Reset* del metabolismo**
Momento: cena
Modificación: sírvelo con arroz u otra fuente de carbohidratos saludables.

Thyroid Reset
Momento: cualquiera
Modificación: ninguna

Te sorprenderá lo fácil que es elaborar este plato con un único ingrediente y lo delicioso que resulta. Es una fuente de proteínas muy versátil que puede incluirse en casi cualquier comida. El truco está en que se cocine lento a baja temperatura.

Aceite de aguacate

De 3 a 5 pechugas de pollo (entre 750 g y 1 kg de peso total)

- Rocía con aceite una olla de 2 o 3 litros. Caliéntala a fuego medio-alto hasta que una gota de agua chisporrotee.
- Coloca las pechugas de pollo en la olla de forma que cubran toda la superficie posible. Elige el ajuste de temperatura más bajo y déjalo cocinar tapado durante 1 hora y 45 minutos o 2 horas. Los tiempos de cocción pueden variar según los ajustes de cada cocina. El pollo se habrá hecho cuando se desmenuce con una ligera presión del tenedor.
- Retíralo del fuego, utiliza un tenedor grande o un pisapatatas para desmenuzar el pollo y mézclalo con el líquido que ha soltado. Colócalo en un recipiente de cristal con una tapa hermética y deja que el pollo se enfríe durante 30 minutos antes de meterlo en la nevera.
- Utilízalo como fuente de proteínas con un sabor neutro para gran variedad de recetas. Refrigéralo hasta un máximo de 5 días.

Trucha al papillote

SÍNTOMAS
QUE COMBATE

NM Niebla mental

F Fatiga

P Aumento de peso

RACIONES: 4
Tiempo de preparación: 10 min
Tiempo total: 25 min

SUGERENCIA
Prepárala justo antes de servirla con arroz para disfrutar de un plato completo.

MODIFICACIÓN
PARA EL *RESET*

Adrenal Reset
Momento: comida, cena
Modificación: sírvela con arroz para disfrutar de un plato completo.

***Reset* del metabolismo**
Momento: cena
Modificación: sírvela con arroz para disfrutar de un plato completo.

Thyroid Reset
Momento: cualquiera
Modificación: ninguna

OPCIÓN SIN GLUTEN
No se necesita ninguna modificación.

OPCIÓN VEGANA
Omite la trucha y sustitúyela por 750 g de tofu extrafirme.

La expresión francesa *en papillote* significa «en papel» y hace referencia a la técnica de hornear platos dentro de una especie de paquete. Éste retiene la humedad y funde los sabores de todos los ingredientes. Puedes usar este método con otros tipos de pescado o aves de corral. Por lo general, utilizo papel vegetal para crear el paquete, pero también es buena opción hacerlo con papel de aluminio.

1 cebolla mediana, cortada en láminas finas

1 pimiento verde sin corazón ni semillas, cortado en tiras

750 g de trucha fresca

16 tomates cherri, cortados por la mitad

16 aceitunas de Kalamata, cortadas por la mitad

2 cucharadas de alcaparras

2 dientes de ajo picados

1 cucharada de ralladura de un limón

2 cucharaditas de orégano seco

Sal *kosher* y pimienta negra recién molida al gusto

- Precalienta el horno a 200 grados.
- Corta cuatro trozos de 30 cm de papel vegetal y extiéndelas sobre la encimera.
- Pica la cebolla y el pimiento verde y colócalos en cantidades iguales en un rectángulo en el centro de cada trozo de papel. Divide la trucha en 4 raciones iguales y distribúyela sobre cada conjunto de cebolla y pimiento verde. Divide los tomates cherri, las aceitunas, las alcaparras, el ajo, la ralladura de limón y el orégano y añádelos de forma equitativa sobre cada pedazo de trucha. Salpimiéntalos.
- Dobla cada pedazo de papel para crear un paquete sellado con la unión hacia abajo para que el peso lo mantenga cerrado. Coloca los 4 paquetes en una bandeja y métela en el horno durante 15 minutos. Abre el paquete y comprueba si el pescado está hecho, es decir, si sólo se necesita una ligera presión para cortar la trucha.

Carbohidratos saludables

Los carbohidratos son elementos importantes de la dieta porque son la fuente principal de combustible y la única fuente de fibra que alimenta la microflora. Los no procesados siempre han sido el núcleo dietético básico de las culturas más saludables del mundo. La mediterránea, la tradicional asiática y la nórdica los sitúan en el centro de su dieta.

Aquí encontrarás algunas recetas de carbohidratos saludables para completar otras comidas. Los carbohidratos tienen la ventaja de ser baratos y fáciles de cocinar en grandes raciones, ya que se conservan durante muchos días una vez elaborados.

LEYENDA DE SÍNTOMAS

 Niebla mental
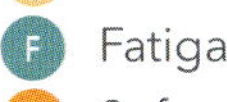 Fatiga
 Sofocos
 Insomnio
 Aumento de peso

Fusión de aguacate y lentejas

SÍNTOMAS QUE COMBATE

NM Niebla mental

 Aumento de peso

RACIONES: 4

Tiempo de preparación: 5 min

Tiempo total: 5 min

SUGERENCIA

Sírvela como base de un sándwich o ensalada.

MODIFICACIÓN PARA EL *RESET*

Adrenal Reset

Momento: cualquiera

Modificación: ninguna

***Reset* del metabolismo**

Momento: cena

Modificación: sírvela como base de una ensalada de verduras.

Thyroid Reset

Momento: cualquiera

Modificación: ninguna

OPCIÓN SIN GLUTEN

No se necesita ninguna modificación.

OPCIÓN VEGANA

No se necesita ninguna modificación.

Ésta es una versión más saludable de la clásica tostada de aguacate. También se pueden utilizar garbanzos, en lugar de lentejas. Asegúrate de que los aguacates estén maduros para que te resulte más fácil machacarlos.

1 taza de lentejas cocidas o de bote escurridas

2 aguacates medianos, pelados y deshuesados

8 tomates cherri cortados en cuatro trozos

¼ de taza de hojas picadas de cilantro

2 cebolletas, limpias y cortadas en láminas

Zumo de 1 lima

½ cucharadita de sal *kosher*

¼ de cucharadita de cayena en polvo

- Coloca todos los ingredientes en un bol mediano. Machácalos con un pisapatatas hasta que el aguacate se deshaga y todo quede bien mezclado.
- Sirve la fusión y disfruta.

Lentejas sazonadas

SÍNTOMAS QUE COMBATE

- NM Niebla mental
- F Fatiga
- S Sofocos
- I Insomnio
- P Aumento de peso

RACIONES: 4
Tiempo de preparación: 5 min
Tiempo total: 25 min

SUGERENCIA

Sírvelas como plato completo.

MODIFICACIÓN PARA EL *RESET*

Adrenal Reset
Momento: cualquiera
Modificación: ninguna

***Reset* del metabolismo**
Momento: cena
Modificación: ninguna

Thyroid Reset
Momento: cualquiera
Modificación: ninguna

OPCIÓN SIN GLUTEN

No se necesita ninguna modificación.

OPCIÓN VEGANA

No se necesita ninguna modificación.

Las lentejas están deliciosas cuando se sazonan de la forma correcta. Contienen una proporción perfecta de carbohidratos y proteínas, por lo que este plato es una comida completa. Basta con que utilices mucho cilantro y añadas un poco de espinaca para cubrir la cuota de verduras. Puedes utilizar lentejas marrones o rojas. La única diferencia es que a las últimas se les ha quitado la piel externa, por lo que se cocinan un poco más rápido.

- 1 taza de lentejas secas marrones o rojas
- 3 tazas de caldo de verduras
- 3 tazas de agua
- 1 cucharadita de aceite de oliva
- 3 dientes de ajo picados
- 1 lata de salsa de tomate (225 g)
- 1 cucharada de zumo de limón recién exprimido
- ½ cucharadita de jengibre molido
- 1 cucharadita de comino molido
- ½ cucharadita de cúrcuma en polvo
- 1 cucharadita de pimentón
- 2 cucharadas de cilantro picado

- Coloca todos los ingredientes excepto el cilantro en una cazuela mediana y cuécelos a fuego medio.
- Sigue con el paso anterior hasta que las lentejas se ablanden, controlando y añadiendo agua si es necesario. Si son lentejas rojas, tardarán entre 10 o 15 minutos en cocinarse. Si son marrones, 20.
- Sírvelas con cilantro espolvoreado y disfruta.

Pudin de cebolla caramelizada

SÍNTOMAS QUE COMBATE

RACIONES: 4
Tiempo de preparación: 15 min
Tiempo total: 1 h y 5 min

SUGERENCIA
Sírvelo como acompañamiento vegetal.

MODIFICACIÓN PARA EL *RESET*
Adrenal Reset
Momento: cualquiera
Modificación: ninguna

***Reset* del metabolismo**
Momento: cena
Modificación: sírvelo en lugar de otros carbohidratos.

Thyroid Reset
Momento: cualquiera
Modificación: ninguna

OPCIÓN SIN GLUTEN
Utiliza harina común sin gluten.

OPCIÓN VEGANA
Omite las claras de huevo y añade ½ taza de linaza mezclada con ½ taza de agua.

Sí, las cebollas por sí mismas son geniales como acompañamiento o como postre. Esta receta te permitirá apreciar su dulzura natural. Este plato se parece mucho en sus primeros pasos a la sopa magra de cebolla, pero acaba en el horno. Si no encuentras cebollas dulces, utiliza blancas o amarillas y añade 1 cucharadita de azúcar moreno justo antes de hornearlas. Para la leche, me gusta utilizar leche de lino sin edulcorar o leche desnatada. Cualquier sucedáneo de la leche sin sabor funciona igual de bien. Puedes servirlo tanto frío al día siguiente como recién salido del horno.

1 cucharadita de aceite neutro

2 cebollas dulces grandes, cortadas en láminas finas

½ cucharadita de agua si se necesita

1 cucharada de harina común

4 claras de huevo

½ cucharadita de sal *kosher*

½ taza de leche de lino sin edulcorar

- Precalienta el horno a 175 grados. Rocía una capa fina de aceite en un molde de tarta de unos 20 cm.
- Calienta el aceite en una olla grande a fuego medio hasta que adopte un tono brillante. Reduce el fuego a medio-bajo y añade las cebollas. Remuévelas con frecuencia y sofríelas durante 20 o 30 minutos o hasta que se caramelicen suavemente. Añade el agua si se empiezan a pegar.
- En un bol mediano, mezcla la harina, las claras de huevo, la sal y la leche. Incorpora las cebollas cocinadas.
- Vierte la masa en el molde de tarta. Hornéala durante 40 minutos o hasta que adopte un suave tono marrón. Deja reposar 10 minutos antes de servirlo.
- Utilízalo como postre o como acompañamiento vegetal.

Galletas de remolacha

SÍNTOMAS QUE COMBATE

NM Niebla mental

F Fatiga

I Insomnio

RACIONES: 8

Tiempo de preparación: 3 min

Tiempo total: 15 min

SUGERENCIA

Sírvelas como postre después de una comida o como aperitivo.

MODIFICACIÓN PARA EL *RESET*

Adrenal Reset

Momento: comida, cena

Modificación: sírvelas en lugar de otras fuentes de carbohidratos y grasas.

***Reset* del metabolismo**

Momento: cena

Modificación: sírvelas en lugar de otras fuentes de carbohidratos y grasas.

Thyroid Reset

Momento: cualquiera

Modificación: ninguna

OPCIÓN SIN GLUTEN

No se necesita ninguna modificación.

OPCIÓN VEGANA

Omite las claras de huevo y añade ¼ de taza de linaza mezclada con ¼ de taza de agua.

De estas galletas destacan tanto el color como el sabor. Llévalas a la siguiente cena a la que te inviten y causarás sensación. Si no tienes remolacha fresca a mano, la de bote también sirve. Además, es más fácil de triturar, basta con machacarla con el tenedor.

¼ de taza de remolacha precocinada o de lata, machacada

½ taza de mantequilla de almendras

1 clara de huevo

¼ de taza de azúcar moreno o cualquier otro edulcorante de tu elección

1 cucharada de tapioca en polvo

1 cucharadita de extracto de vainilla

Opcional: ¼ de taza de algarrobas o pepitas de chocolate de tu elección

- Precalienta el horno a 190 grados.
- Mezcla bien la remolacha, la mantequilla de almendras, la clara de huevo y el azúcar moreno en un bol mediano. Luego, añade el resto de los ingredientes.
- Crea bolitas de unos 7 cm con la masa y aplástalas. No van a aumentar, así que puedes colocarlas a unos 2,5 cm de distancia unas de otras.
- Hornéalas durante 10 minutos o hasta que, al introducir un palillo, salga seco. Retíralas del horno, deja que se enfríen y disfrútalas.
- Permanecen en buen estado 3 días en un recipiente hermético a temperatura ambiente.

Risotto de avena cortada

SÍNTOMAS QUE COMBATE

NM Niebla mental

F Fatiga

I Insomnio

RACIONES: 4

Tiempo de preparación: 5 min

Tiempo total: 35 min

SUGERENCIA

Sírvelo como plato con proteínas y verduras para disfrutar de una comida rápida.

MODIFICACIÓN PARA EL *RESET*

Adrenal Reset

Momento: cualquiera

Modificación: sírvelo en lugar de todas las otras fuentes de carbohidratos.

***Reset* del metabolismo**

Momento: cena

Modificación: sírvelo en lugar de todas las otras fuentes de carbohidratos.

Thyroid Reset

Momento: cualquiera

Modificación: ninguna

OPCIÓN SIN GLUTEN

No se necesita ninguna modificación.

OPCIÓN VEGANA

Utiliza caldo de verduras, en lugar de caldo de pollo.

Ha llegado un punto en el que me gusta más el sabor de este sabroso plato de avena que los *risottos* tradicionales. Por supuesto, la avena contiene más fitonutrientes y fibra.

Aceite

1 puerro (la parte blanca y la verde más blanda) enjuagado, cortado longitudinalmente y troceado en láminas finas

1 taza de avena cortada

5 tazas de caldo de pollo

1 taza de guisantes congelados

1 cebolleta, cortada en láminas finas

¼ de cucharadita de pimienta blanca molida

1 cucharadita de sal *kosher* (o al gusto)

- Rocía una ligera capa de aceite sobre una cazuela mediana. Caliéntala a fuego medio-alto hasta que el aceite adopte un tono brillante.
- Añade el puerro y sofríelo hasta que esté blando, entre 2 o 3 minutos. Añade la avena y sofríela durante 2 minutos o hasta que desprenda aroma. Incorpora una taza del caldo y remueve hasta que se absorba. Repite el proceso, añade 1 taza de caldo cada vez y remueve hasta que casi se haya absorbido antes de agregar más.
- Cuando se haya incorporado todo el caldo, cúbrelo para que se cocine a baja ebullición hasta que la avena se ablande (unos 30 minutos). Agrega los guisantes y la cebolleta y continúa cocinando hasta que ambos estén en su punto. Salpimienta antes de servir.

Arroz con piel de cebolla

SÍNTOMAS QUE COMBATE

NM Niebla mental

P Aumento de peso

RACIONES: 8

Tiempo de preparación: 5 min

Tiempo total: 50 min

SUGERENCIA

Sírvelo como fuente de carbohidratos en cualquier comida.

MODIFICACIÓN PARA EL *RESET*

Adrenal Reset

Momento: cualquiera

Modificación: ninguna

***Reset* del metabolismo**

Momento: cena

Modificación: sírvelo en lugar de otros carbohidratos.

Thyroid Reset

Momento: cualquiera

Modificación: ninguna

OPCIÓN SIN GLUTEN

No se necesita ninguna modificación.

OPCIÓN VEGANA

No se necesita ninguna modificación.

La piel de las cebollas son la mejor fuente dietética de quercetina y bioflavonoides asociados. Se puede utilizar para hacer caldo de verduras o añadirla al arroz. Puedes incluso incluir la raíz unida a la piel. Basta con que retires la piel de la parte superior cuando el arroz se haya terminado de hervir porque ya habrá absorbido todos los fitonutrientes.

Aceite

½ cebolla mediana picada

1 diente de ajo picado

2 tazas de arroz integral basmati enjuagado

1 ½ tazas de agua

1 cucharadita de cúrcuma recién molida

2 tazas de caldo de verduras

1 hoja de laurel

½ cucharadita de sal *kosher*

Piel de cebolla (de 1 a 3)

- Rocía de aceite una cazuela mediana. Caliéntala a fuego medio-alto hasta que el aceite adopte un tono brillante. Sofríe la cebolla y el ajo durante 2 minutos o hasta que se ablanden.
- Agrega el arroz y sofríelo durante 2 o 3 minutos más o hasta que desprenda olor. Añade el resto de los ingredientes.
- Cuécelos a temperatura baja durante 35 minutos, apaga el fuego y, con la tapa puesta, déjalo reposar durante 10 minutos. Retira la piel de cebolla de la parte superior y sirve el arroz.

Ensalada de patata del Dr. C.

SÍNTOMAS
QUE COMBATE

NM Niebla mental

F Fatiga

P Aumento de peso

RACIONES: 4
Tiempo de preparación: 5 min
Tiempo total: 25 min

SUGERENCIA
Sírvela con una fuente de proteínas y otras verduras opcionales para disfrutar de un plato completo.

MODIFICACIÓN
PARA EL *RESET*
Adrenal Reset
Momento: cualquiera
Modificación: ninguna

***Reset* del metabolismo**
Momento: cena
Modificación: sírvela en lugar de otros carbohidratos.

Thyroid Reset
Momento: cualquiera
Modificación: ninguna

OPCIÓN SIN GLUTEN
No se necesita ninguna modificación.

OPCIÓN VEGANA
No se necesita ninguna modificación.

Me encantan las ensaladas de patata, pero la mayoría llevan demasiada mayonesa. La variedad Russet es la que mejor funciona en ésta, pero vale la pena utilizar cualquiera, sobre todo si han sobrado. Puedes también agregar ⅓ de taza de cebolla roja finamente picada en lugar de chalotas. El eneldo fresco es un añadido maravilloso.

2 kg de patatas Russet, lavadas y cortadas en dados de 2,5 cm

2 cucharadas de sal *kosher*

ADEREZO

½ cucharada de aceite de oliva

2 cucharadas de zumo de limón recién exprimido

2 cucharaditas de mostaza de Dijon

2 chalotas medianas, cortadas en finos dados

2 cucharaditas de eneldo fresco, cortado muy fino

¼ de taza de caldo de pepinillos encurtidos o pepinillos troceados

Sal *kosher* y pimienta negra recién molida al gusto

- Coloca las patatas en una olla grande. Cúbrelas con agua y añade la sal. Llévalas a ebullición y cuécelas durante 8 minutos o hasta que las patatas se puedan pinchar sin problemas con un tenedor. Escúrrelas y lava las patatas con agua fría.
- Mezcla todos los ingredientes del aderezo en un bol hasta que se mezclen. Incorpora las patatas al bol y sírvelas.

Patatas asadas con romero

SÍNTOMAS QUE COMBATE

Niebla mental

Sofocos

Insomnio

RACIONES: 4

Tiempo de preparación: 10 min

Tiempo total: 40 min

SUGERENCIA

Sírvelas como ración de carbohidratos saludables para acompañar.

MODIFICACIÓN PARA EL *RESET*

Adrenal Reset

Momento: cualquiera

Modificación: sírvelas en lugar de otros carbohidratos.

***Reset* del metabolismo**

Momento: cena

Modificación: sírvelas en lugar de otros carbohidratos.

Thyroid Reset

Momento: cualquiera

Modificación: ninguna

OPCIÓN SIN GLUTEN

No se necesita ninguna modificación.

OPCIÓN VEGANA

Utiliza *tempeh* en lugar de pollo y caldo de verduras en lugar de caldo de pollo.

Sí, otro plato de patatas. Quizás me hayas oído hablar de que las patatas hervidas contienen almidón resistente. Las asadas también lo contienen, aunque no en tanta cantidad. Puedes asarlas y refrigerarlas por la noche antes de servirlas para obtener más almidón resistente. No obstante, siguen siendo una buena opción para conseguir variedad. En esta receta, las consideramos un vehículo excelente para proporcionar los beneficios del romero. Las rojas son las mejores para asar. Según el tamaño, suele bastar con que las cortes en cuatro trozos de 4 a 6 cm de largo.

Aceite

1 kg de patatas rojas, peladas y cortadas en cuatro partes

Zumo de ½ limón

1 cucharadita de sal *kosher*

Pimienta negra recién molida al gusto

2 cucharadas de romero fresco picado

- Precalienta el horno a 230 grados.
- Rocía una fina capa de aceite sobre las patatas. En un bol mediano, mezcla las patatas, el zumo de limón, la sal y la pimienta.
- Extiende las patatas en una bandeja de horno a la que previamente habrás rociado con aceite. Ásalas durante 30 minutos, moviéndolas cada 10. Añade el romero a las patatas y repártelo de manera uniforme.
- Ásalas 10 minutos más y sírvelas.

Puré de patatas con ajo

SÍNTOMAS QUE COMBATE

NM Niebla mental

F Fatiga

S Sofocos

RACIONES: 4

Tiempo de preparación: 5 min

Tiempo total: 30 min

SUGERENCIA

Utilízalo como acompañante para la comida o la cena.

MODIFICACIÓN PARA EL *RESET*

Adrenal Reset

Momento: cualquiera

Modificación: sírvelo en lugar de otras fuentes de carbohidratos.

***Reset* del metabolismo**

Momento: cena

Modificación: sírvelo en lugar de otras fuentes de carbohidratos.

Thyroid Reset

Momento: cualquiera

Modificación: ninguna

OPCIÓN SIN GLUTEN

No se necesita ninguna modificación.

OPCIÓN VEGANA

No se necesita ninguna modificación.

Es el acompañante perfecto para cualquier plato sabroso, pero no le añadas salsa porque el sabor de las patatas es bastante fuerte. La próxima vez que ases ajo, asa varias cabezas a la vez. Puedes utilizar patatas rojas o Russet, pero el sabor de las Yukon Gold es el mejor.

1 kg de patatas Yukon Gold, peladas y partidas en cuatro trozos

3 cucharadas de sal *kosher* más 1 cucharadita

2 cabezas de ajo asadas, sin la piel

1 cucharadita de cebollino fresco picado, para decorar

- Coloca las patatas en una olla grande, cúbrelas con agua fría hasta 2,5 centímetros por encima de ellas y añade 3 cucharadas de sal.
- Llévalas a ebullición y cocínalas durante 10 o 12 minutos o hasta que sea fácil pincharlas con un tenedor. Escúrrelas y reserva una taza de agua de cocción con un extra de almidón.
- Utiliza un tenedor para convertir el ajo en puré. Añádelo junto con el agua de cocción, la cucharadita de sal y las patatas a un bol mediano. Utiliza un pisapatatas para mezclarlo de manera uniforme.
- Decora las patatas con el cebollino y sírvelas.

Puré de patatas crujiente

SÍNTOMAS
QUE COMBATE

NM Niebla mental

F Fatiga

P Aumento de peso

RACIONES: 4
Tiempo de preparación: 5 min
Tiempo total: 40 min

SUGERENCIA
Guárdalo en un recipiente de cristal para la comida del día siguiente.

MODIFICACIÓN
PARA EL *RESET*
Adrenal Reset
Momento: cualquiera
Modificación: sírvelo en lugar de otros carbohidratos.

***Reset* del metabolismo**
Momento: cena
Modificación: sírvelo en lugar de otros carbohidratos.

Thyroid Reset
Momento: cualquiera
Modificación: ninguna

OPCIÓN SIN GLUTEN
No se necesita ninguna modificación.

OPCIÓN VEGANA
No se necesita ninguna modificación.

No hay ningún tipo de patata que no me guste. Para este plato se necesita un poco más de tiempo, pero merece la pena, ya lo verás. Esta receta funciona mejor con patatas pequeñas, como las *baby* o las nuevas. Si te apetece desmelenarte, prueba a hacer este plato con patatas pequeñas de carne violeta o roja.

14 patatas rojas

2 cucharadas de sal *kosher*

Aceite

1 cucharadita de ajo en polvo

1 cucharadita de pimentón

Sal *kosher* y pimienta negra recién molida al gusto

- Precalienta el horno a 220 grados.
- Coloca las patatas en una olla grande. Cúbrelas con agua y añade la sal. Llévalas a ebullición y cocínalas durante 10 minutos o hasta que las patatas se puedan pinchar con un tenedor.
- Escurre y lava las patatas bajo el agua fría. Coloca cada patata en una bandeja y aplástala con un bol pequeño. Rocía las patatas con el aceite y espolvorea ajo en polvo, pimentón, sal y pimienta.
- Ásalas durante 20 o 30 minutos hasta que adopten un tono dorado.

Pan artesanal

SÍNTOMAS QUE COMBATE

NM Niebla mental

F Fatiga

P Aumento de peso

RACIONES: 8

Tiempo de preparación: 5 min

Tiempo total: 45 min + tiempo de reposo

SUGERENCIA

Sírvelo como ración de carbohidratos saludables para acompañar.

OPCIÓN SIN GLUTEN

Utiliza 3 tazas de harina común sin gluten y omite la harina panadera y la harina integral de trigo. Usa ¼ de taza de harina sin gluten para separar la masa del bol.

OPCIÓN VEGANA

No se necesita ninguna modificación.

Ésta es la receta socorrida de mi familia para hacer pan. Si deseas disfrutar de los beneficios de la masa madre, déjala reposar entre 24 y 36 horas. Las bacterias de origen natural del aire ayudarán en el proceso.

2 ½ tazas de harina panadera y ¼ de taza más para separar la masa del bol

½ taza de harina integral de trigo

1 cucharada de sal *kosher*

1 ½ tazas de agua caliente

1 cucharadita de levadura

- Mezcla todos los ingredientes (excepto el ¼ de taza adicional de harina panadera) en un bol grande de acero o cristal y remuévelos varias veces. Tendrá una textura intermedia entre la de la masa de galletas y la típica masa de pan. No se mantendrá unida. No necesitas mezclarla ni amasarlos en profundidad.
- Cubre la masa con un trapo húmedo y déjala reposar en un lugar cálido entre 2 y 36 horas. Si prefieres que sepa más a masa madre, entre 24 y 36.
- Coloca un horno holandés de unos 4 litros, con la tapa puesta, en el horno convencional. Precalienta el horno a 230 grados.
- Utiliza el ¼ de taza adicional de harina panadera y una espátula para separar la masa del bol.
- Cuando el horno convencional se haya calentado por completo, retira el holandés, coloca dentro la masa, tápala y métela en el horno. Hornéala durante 30 minutos.
- Retira la tapa y hornea entre 3 y 5 minutos más o hasta que el pan adquiera un tono dorado y desprenda aroma. Déjalo reposar durante 30 minutos y sírvelo o consérvalo en una panera durante un máximo de 3 días.

Arroz negro hindú

SÍNTOMAS
QUE COMBATE

I Insomnio

P Aumento de peso

RACIONES: 8
Tiempo de preparación: 5 min
Tiempo total: 50 min

SUGERENCIA
Sírvelo con proteínas y verduras para disfrutar de una comida rápida.

MODIFICACIÓN
PARA EL *RESET*

Adrenal Reset
Momento: cualquiera
Modificación: ninguna

***Reset* del metabolismo**
Momento: cena
Modificación: sírvelo con proteínas y verduras.

Thyroid Reset
Momento: cualquiera
Modificación: ninguna

OPCIÓN SIN GLUTEN
No se necesita ninguna modificación.

OPCIÓN VEGANA
Utiliza caldo de verduras en lugar de caldo de pollo.

Si planeas utilizar el arroz como un sabroso acompañante, el hindú parece más que simple arroz. El negro, en concreto, combina bien con los platos de carne. Basta con que utilices caldo de ternera, en lugar de caldo de pollo o verduras, o añadas 1 cucharada de salsa de soja tamari.

Aceite

½ taza de cebolla picada

2 tazas de caldo de pollo o verduras

1 ¾ tazas de agua

2 tazas de arroz negro, enjuagado y escurrido

- Cubre con una fina capa de aceite una cazuela mediana y caliéntala a fuego medio-alto hasta que el aceite adopte un tono brillante.
- Añade la cebolla y sofríela hasta que se vuelva transparente (de 2 a 3 minutos). Agrega el caldo y el agua y llévalos a ebullición. Incorpora el arroz, reduce a fuego medio y tápalo.
- Cuécelo durante 30 minutos, apaga el fuego y déjalo reposar durante 10 minutos. Sírvelo enseguida o coloca el arroz en un recipiente de cristal grande con tapa para conservarlo en la nevera hasta 5 días.

Verduras

Las pruebas son indiscutibles: consumir muchas verduras nos lleva a gozar de buena salud. A lo largo del día, esfuérzate para que las verduras se conviertan en la mitad del volumen total de tu comida. Elaboré los menús de comida pensando en la variedad, usando distintas partes de las plantas (raíces, tallos y hojas) y diversas familias de verduras (alium, crucíferas o apiáceas). Cuando planifiques tus propios menús, céntrate en comer varias de estas categorías, así como distintos colores. También ten en mente técnicas diferentes. Las mejores opciones son, entre otras, hervidas, escaldadas, sofritas y crudas.

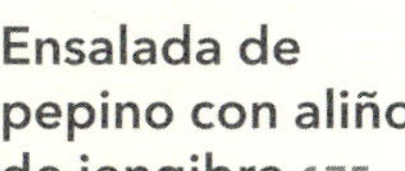

LEYENDA DE SÍNTOMAS

- NM Niebla mental
- F Fatiga
- S Sofocos
- I Insomnio
- P Aumento de peso

Brochetas de tomate, sandía y albahaca

SÍNTOMAS QUE COMBATE

NM Niebla mental

F Fatiga

I Insomnio

RACIONES: 4

Tiempo de preparación: 10 min

Tiempo total: 20 min

MODIFICACIÓN PARA EL *RESET*

Adrenal Reset

Momento: cualquiera

Modificación: sírvelas en lugar de todas las otras fuentes de carbohidratos.

***Reset* del metabolismo**

Momento: cena

Modificación: sírvelas en lugar de todas las otras fuentes de carbohidratos.

Thyroid Reset

Momento: cualquiera

Modificación: ninguna

OPCIÓN SIN GLUTEN

No se necesita ninguna modificación.

OPCIÓN VEGANA

No se necesita ninguna modificación.

Hay varios tipos de albahaca fresca disponibles. La genovesa y la tailandesa son las más comunes y cualquiera puede utilizarse en este plato. Espera a que la sandía sea de temporada porque necesita estar madura y firme para que no se desmenuce al pincharla en la brocheta.

¼ de taza de vinagre balsámico

¼ de taza de miel

15 brochetas de bambú

1 sandía sin pepitas (alrededor de 2 kg), cortada en 30 dados de 2 a 4 cm

30 hojas pequeñas de albahaca

15 tomates cherri maduros partidos por la mitad

1 cucharada de aceite de oliva virgen extra

Sal *kosher*

- Mezcla el vinagre balsámico con la miel en una cazuela pequeña. Caliéntala a fuego medio. Llévala al punto de ebullición y remueve hasta que se disuelva la miel (entre 3 y 5 minutos). Retírala del fuego.
- Inserta en las brochetas la sandía, las hojas de albahaca y los tomates en ese orden. Colócalas sobre una fuente y vierte el sirope balsámico y el aceite de oliva sobre ellas. Espolvorea la sal y sírvelas como postre o aperitivo.

Ensalada de pepino con aliño de jengibre

SÍNTOMAS QUE COMBATE

 Sofocos

I Insomnio

P Aumento de peso

RACIONES: 4

Tiempo de preparación: 10 min

Tiempo total: 10 min

SUGERENCIA

Sírvela con proteínas y carbohidratos saludables para disfrutar de un plato completo.

MODIFICACIÓN PARA EL *RESET*

Adrenal Reset

Momento: cualquiera

Modificación: ninguna

***Reset* del metabolismo**

Momento: cualquiera

Modificación: ninguna

Thyroid Reset

Momento: cualquiera

Modificación: ninguna

OPCIÓN SIN GLUTEN

No se necesita ninguna modificación.

OPCIÓN VEGANA

No se necesita ninguna modificación.

Siempre me ha encantado el aderezo que sirven en los restaurantes japoneses. Resulta que gran parte de ese sabor y textura procede de las zanahorias trituradas. ¡Disfruta!

ENSALADA

4 tazas de lechuga romana, lavada, seca y troceada

1 tomate mediano maduro, troceado en dados

1 pepino, pelado, cortado a la mitad longitudinalmente y laminado

2 cebolletas, limpias y laminadas

ADEREZO

¼ de taza de vinagre de arroz

¼ de taza de salsa de soja tamari

12 zanahorias *baby*

Zumo de 1 lima

1 cucharada de miel

2 cucharadas de jengibre fresco, pelado y troceado

1 diente de ajo picado

Sal *kosher* y pimienta negra recién molida al gusto

- Coloca todos los ingredientes de la ensalada en un bol y mézclalos bien.
- Tritura los ingredientes del aderezo en el vaso de una batidora o un procesador de alimentos hasta que se forme una masa homogénea. Vierte el aderezo sobre la ensalada y sírvela.

Ensalada de rúcula e higo

SÍNTOMAS QUE COMBATE

S Sofocos
I Insomnio
P Aumento de peso

RACIONES: 4
Tiempo de preparación: 15 min
Tiempo total: 15 min

SUGERENCIA
Hazla varias horas antes, tápala y refrigérala.

MODIFICACIÓN PARA EL *RESET*
Adrenal Reset
Momento: comida, cena
Modificación: sírvela con proteínas para disfrutar de un plato completo.

***Reset* del metabolismo**
Momento: cena
Modificación: sírvela con proteínas para disfrutar de un plato completo.

Thyroid Reset
Momento: cualquiera
Modificación: ninguna

OPCIÓN SIN GLUTEN
No se necesita ninguna modificación.

OPCIÓN VEGANA
No se necesita ninguna modificación.

Como la remolacha, la rúcula es una fuente excelente de nitratos.

6 tazas de hojas de rúcula

8 higos, secos o frescos, sin los tallos y cortados en cuatro trozos

1 cucharadita de levadura nutricional sin ácido fólico

2 cucharadas de piñones

2 cucharadas de miel

2 cucharadas de vinagre balsámico

1 cucharada de aceite de oliva virgen extra

- Coloca todos los ingredientes en un bol grande y remuévelos.

Ensalada diaria

SÍNTOMAS QUE COMBATE

- NM Niebla mental
- F Fatiga
- S Sofocos
- I Insomnio
- P Aumento de peso

RACIONES: 4
Tiempo de preparación: 10 min
Tiempo total: 10 min

He elaborado una plantilla fácil para una ensalada diaria. Siéntete libre de mezclar verduras según las que tengas más a mano.

4 tazas de verduras de hoja, lavadas y troceadas: espinacas, lechuga romana, lechuga de hoja roja, de hoja verde, mantecosa o cualquier otra verdura de hoja

Añadidos: tomates cherri, pepino en dados, cebolla en juliana, zanahoria rallada, remolacha rallada, jícama en dados y rábano laminado

- Lava y seca todos los ingredientes. Córtalos o trocéalos del tamaño deseado. Mézclalos en un bol, añade cualquier aderezo (a continuación) y sírvela como plato de verduras.

- PARA EL ADEREZO: mezcla 1 o 2 cucharaditas de aceite de oliva o neutro, 1 o 2 cucharadas de vinagre balsámico o de manzana, sal y pimienta al gusto.

  O

- RECETA DE ADEREZO SABROSO: mezcla 1 cucharada de sirope de arce, 1 cucharada de aceite de oliva, 2 cucharadas de vinagre de manzana, 1 cucharada de mostaza de Dijon y 1 diente de ajo picado.

  O

- RECETA DE ADEREZO ASIÁTICO: mezcla 1 cucharada de salsa de soja tamari, 1 cucharadita de aceite de sésamo tostado y 2 cucharadas de vinagre de arroz sazonado.

Crema de calabaza con almendras al curri

SÍNTOMAS QUE COMBATE

S Sofocos

I Insomnio

P Aumento de peso

RACIONES: 4

Tiempo de preparación: 10 min

Tiempo total: 70 min

SUGERENCIA

Sírvela con proteínas para disfrutar de un plato completo.

MODIFICACIÓN PARA EL *RESET*

Adrenal Reset

Momento: cualquiera

Modificación: sírvela con una fuente de proteínas.

***Reset* del metabolismo**

Momento: cena

Modificación: sírvela con una fuente de proteínas.

Thyroid Reset

Momento: cualquiera

Modificación: ninguna

OPCIÓN SIN GLUTEN

No se necesita ninguna modificación.

OPCIÓN VEGANA

No se necesita ninguna modificación.

La *kabocha,* también llamada calabaza japonesa, es una calabaza de invierno. Su sabor es más dulce e intenso que el de otras calabazas. Si no logras encontrarla, puedes utilizar el cacahuete o la bellota. Para la leche vegetal, en esta receta sirven tanto la de lino como la de coco. Quizás la batidora caliente tanto la mezcla que la deje a la temperatura perfecta para servirla. Si no es así, viértela en una cazuela y caliéntala antes.

1 calabaza *kabocha* (entre 1 y 1,5 kg), sin pepitas y cortada en cuatro trozos

Un pedazo de 4 cm de jengibre fresco, pelado y laminado

1 cebolla dulce o amarilla picada

¼ de taza de almendras enteras o harina de almendras

4 tazas de caldo de verduras

¾ de taza de leche vegetal de tu elección

1 cucharada de curri en polvo

- Precalienta el horno a 175 grados.
- Coloca la calabaza troceada en una bandeja de horno con el corte hacia arriba. Distribuye las láminas de jengibre y la cebolla sobre la calabaza y hornea durante 50 minutos hasta que se pueda pinchar con el tenedor. Retírala del horno y deja que se enfríe 10 minutos. Cuando esté fría, saca la carne de su interior y tira la piel.
- Si usas almendras enteras, colócalas en el vaso de una batidora a alta velocidad y tritúralas hasta que se forme una harina. Añade las verduras, la harina de almendras, el caldo, la leche vegetal y el curri en polvo y tritúralos durante 2 minutos, tapando el vaso. Trabaja en tandas si es necesario.
- Caliéntala y sírvela de inmediato o refrigérala para comerla después.

Crema de brócoli y pistacho

SÍNTOMAS QUE COMBATE

NM Niebla mental

S Sofocos

I Insomnio

RACIONES: 4

Tiempo de preparación: 5 min

Tiempo total: 15 min

SUGERENCIA

Sírvela con carbohidratos saludables y proteínas para disfrutar de un plato completo.

MODIFICACIÓN PARA EL *RESET*

Adrenal Reset

Momento: cualquiera

Modificación: sírvela en lugar de otras grasas.

***Reset* del metabolismo**

Momento: cena

Modificación: sírvela en lugar de otras grasas.

Thyroid Reset

Momento: cualquiera

Modificación: ninguna

OPCIÓN SIN GLUTEN

No se necesita ninguna modificación.

OPCIÓN VEGANA

Utiliza caldo de verduras, en lugar de caldo de pollo.

Las cremas suelen contener gran cantidad de calorías vacías y grasas, pero ¡ésta no! Los pistachos y el brócoli son una buena mezcla para crear un sabor excelente y una textura rica. Cuidado con introducir ingredientes calientes en la batidora. Sólo llénala un cuarto o un tercio y no la cubras herméticamente. Puedes utilizar pistachos con o sin sal, pero, si optas por los primeros, tenlo en cuenta al echar la sal.

Aceite

⅓ de taza de pistachos pelados

1 cebolla mediana picada

4 tazas de floretes de brócoli y tallos cortados

2 tazas de caldo de pollo

1 taza de agua

Sal *kosher* y pimienta negra molida al gusto

- Rocía con aceite una cazuela mediana y caliéntala a fuego medio-alto hasta que el aceite adopte un tono brillante. Si los pistachos están crudos, sofríelos durante 1 o 2 minutos hasta que desprendan su aroma. Puedes saltarte este paso si ya están tostados.
- Añade la cebolla y sofríela durante 2 o 3 minutos. Agrega el brócoli y sofríelo entre 3 y 5 minutos más hasta que se ablande también. Reserva algo de brócoli y pistachos para adornar.
- Añade el caldo y el agua a la cazuela. Llévalos a ebullición y cocínalos durante 5 minutos, removiéndolos de manera ocasional. Salpimiéntalos al gusto. Tritúralos con la batidora.
- Para servirla, vierte la crema en boles y adórnala con el brócoli y los pistachos reservados.

Coles con jengibre

SÍNTOMAS QUE COMBATE

NM Niebla mental

I Insomnio

P Aumento de peso

RACIONES: 4

Tiempo de preparación: 3 min

Tiempo total: 20 min

SUGERENCIA

Sírvelas como plato principal o acompañante vegetal con cualquier comida.

MODIFICACIÓN PARA EL *RESET*

Adrenal Reset

Momento: cualquiera

Modificación: ninguna

***Reset* del metabolismo**

Momento: cualquiera

Modificación: ninguna

Thyroid Reset

Momento: cualquiera

Modificación: ninguna

OPCIÓN SIN GLUTEN

No se necesita ninguna modificación.

OPCIÓN VEGANA

No se necesita ninguna modificación.

El *kale* ha recibido demasiada atención en los últimos años, pero se ha ignorado a las pobres coles. ¡Menos en este libro!

1 cucharada de aceite de oliva

2 cucharadas de jengibre fresco rallado

2 dientes de ajo picados

1 manojo de col rizada, lavada, sin tallos y cortada en tiras de 2,5 cm

½ taza de caldo de verduras

1 cucharada de semillas de sésamo, tostadas hasta adquirir un ligero tono marrón

Sal en escamas

- Añade el aceite de oliva a una sartén mediana y caliéntala a fuego medio durante 30 segundos. Incorpora el jengibre y el ajo y caliéntalos durante 30 minutos más o hasta que el ajo se ablande mientras remueves.
- Agrega la col rizada y el caldo de verduras en la sartén antes de aumentar la temperatura a fuego alto. Tápala y cocina entre 5 y 7 minutos o hasta que las coles estén blandas, pero sigan siendo de color verde.
- Retira la tapa y continúa cocinando hasta que el líquido se evapore (1 o 2 minutos más).
- Añade las semillas de sésamo. Decora con sal en escamas justo antes de servirlas.

Pak choi baby salteado

SÍNTOMAS QUE COMBATE

S Sofocos

I Insomnio

P Aumento de peso

RACIONES: 4

Tiempo de preparación: 4 min

Tiempo total: 10 min

SUGERENCIA

Sírvelo con proteínas y carbohidratos saludables.

MODIFICACIÓN PARA EL *RESET*

Adrenal Reset

Momento: cualquiera

Modificación: ninguna

***Reset* del metabolismo**

Momento: cualquiera

Modificación: ninguna

Thyroid Reset

Momento: cualquiera

Modificación: ninguna

OPCIÓN SIN GLUTEN

No se necesita ninguna modificación.

OPCIÓN VEGANA

No se necesita ninguna modificación.

Ésta es una de mis verduras favoritas desde siempre. Me gusta el *pak choi* normal, pero el *baby* tiene un sabor más suave y tallos más finos que se pueden cocinar hasta conseguir una textura menos acuosa. Para saltearlo, es mejor usar sartenes de acero inoxidable o hierro fundido. Asegúrate de haber curado bien la sartén y haberla calentado lo suficiente antes de añadir el *pak choi*.

3 cucharadas de pasta de miso blanco

1 cucharadita de aceite de oliva virgen extra

1 cucharada de zumo de limón recién exprimido

Aceite

750 g de *pak choi baby* (entre 4 y 5 manojos), sin tallos y cortados a la mitad longitudinalmente

Sal *kosher* y pimienta negra molida al gusto

- Para el aderezo, mezcla el miso, el aceite y el zumo de limón en un bol pequeño.
- Calienta una sartén de 30 cm a fuego alto y rocíala de aceite. Coloca el *pak choi* en la sartén, con el corte hacia abajo, y cúbrelo con la mitad del aderezo. Trabaja por tandas si es necesario.
- Séllalo durante 2 o 3 minutos. Luego, dale la vuelta. Añade el resto del aderezo, salpimiéntalo y séllalo otro minuto.
- Retíralo del fuego y sírvelo de inmediato.

Sopa magra de cebolla

SÍNTOMAS QUE COMBATE

F Fatiga

I Insomnio

P Aumento de peso

RACIONES: 4

Tiempo de preparación: 5 min

Tiempo total: 1 h

MODIFICACIÓN PARA EL *RESET*

Adrenal Reset

Momento: cualquiera

Modificación: sírvela con proteínas y carbohidratos saludables.

***Reset* del metabolismo**

Momento: cena

Modificación: sírvela en lugar de otros carbohidratos.

Thyroid Reset

Momento: cualquiera

Modificación: ninguna

OPCIÓN SIN GLUTEN

Utiliza la harina común sin gluten.

OPCIÓN VEGANA

Utiliza caldo de verduras, en lugar de caldo de ternera.

No me imagino una manera mejor de tomar una dosis enorme de cebolla de una sola vez. No obstante, las recetas de sopa de cebolla típicas utilizan mucha mantequilla por olla. Aquí te dejo una versión más ligera y sencilla que muchos prefieren antes que las que suelen poner en los restaurantes. Me gusta servirla tal cual, en lugar de añadirle pan y queso. Para esta receta, es preferible usar la amarilla, pero también puedes optar por la cebolla dulce vidalia. Utiliza caldo de ternera casero o uno que sepas que te gusta. Mi favorito es el de una marca llamada Better Than Bouillon.

1 cucharadita de aceite neutro

1,2 kg de cebollas amarillas en juliana fina

2 cucharadas de harina común

85 ml de vino blanco seco

1 hoja de laurel

10 tazas de caldo de ternera

Sal *kosher* y pimienta negra recién molida al gusto

- Calienta el aceite en una olla grande a fuego medio hasta que el aceite adopte un tono brillante.
- Reduce el fuego a medio-bajo y añade las cebollas. Remuévelas con frecuencia y sofríelas durante 20 o 30 minutos o hasta que estén ligeramente caramelizadas. Agrega ½ cucharadita de caldo de ternera si empiezan a pegarse.
- Incorpora la harina a las cebollas. Mézclalo todo bien y sofríelas durante otros 3 minutos. Agrega el vino y la hoja de laurel. Haz que la mezcla hierva y cocínala durante 10 minutos.
- Añade el caldo de ternera y salpimienta la sopa. Tapa la olla y cuécela durante 20 minutos.
- Viértela en boles y deja que se enfríen sin taparlos durante 5 minutos antes de servir la sopa.

Ensalada de pepino y kiwi

SÍNTOMAS QUE COMBATE

F Fatiga

S Sofocos

I Insomnio

RACIONES: 4

Tiempo de preparación: 10 min

Tiempo total: 10 min

SUGERENCIA

Sírvela con un acompañamiento proteico ligero y masa madre o con una guarnición de judías cannellini calientes.

MODIFICACIÓN PARA EL *RESET*

Adrenal Reset

Momento: cualquiera

Modificación: ninguna

***Reset* del metabolismo**

Momento: cena

Modificación: sírvela con carbohidratos y proteínas sin grasas adicionales.

Thyroid Reset

Momento: cualquiera

Modificación: ninguna

OPCIÓN SIN GLUTEN

No se necesita ninguna modificación.

OPCIÓN VEGANA

No se necesita ninguna modificación.

¡Esta ensalada está deliciosa! La ralladura de lima es importante. El kiwi debe estar blando al tacto, pero no demasiado maduro. Utiliza las ramitas de menta más frescas y guarda el resto para un té u otros platos.

1 cogollo de lechuga romana, lavado y troceado

6 kiwis, pelados y troceados en dados

½ pepino tipo largo, cortado en láminas finas

⅓ de taza de nueces picadas

10 ramitas de menta

¼ de taza de aceite de oliva virgen extra

1 cucharada de zumo de lima recién exprimido

1 cucharadita de ralladura de lima

¼ de taza de vinagre de arroz o blanco

2 cucharaditas de miel

Sal *kosher* y pimienta negra recién molida al gusto

Opcional: ⅓ de taza de semillas de granada

- Coloca la lechuga en un bol de ensalada. Añádele los kiwis, el pepino y las nueces picadas. Separa las hojas de menta de los tallos e incorpóralas a la ensalada.
- En un bol pequeño, mezcla el aceite de oliva, el zumo de lima, la ralladura, el vinagre, la miel, la sal y la pimienta para elaborar una vinagreta.
- Viértela sobre la ensalada. Decora con semillas de granada, si decides incluirlas. Sazona al gusto y sírvela enseguida.

Sopa de col con limón

SÍNTOMAS QUE COMBATE

- S Sofocos
- I Insomnio
- P Aumento de peso

RACIONES: 4

Tiempo de preparación: 15 min

Tiempo total: 30 min

SUGERENCIA

Sírvela con carbohidratos y proteínas para disfrutar de un plato completo.

MODIFICACIÓN PARA EL *RESET*

Adrenal Reset

Momento: comida, cena

Modificación: ninguna

***Reset* del metabolismo**

Momento: cualquiera

Modificación: ninguna

Thyroid Reset

Momento: cualquiera

Modificación: ninguna

OPCIÓN SIN GLUTEN

No se necesita ninguna modificación.

OPCIÓN VEGANA

No se necesita ninguna modificación.

La col es una fuente rica de compuestos azufrados que refuerzan la piel y el cabello. También contiene derivados de glutamina que aligera la digestión. Si tienes la edad suficiente, recordarás cuando la sopa de col se convirtió en el milagro de la pérdida de peso. Hay suficientes pruebas de sus beneficios como para que deje de esconderse detrás de la magia.

Aceite

1 cebolla picada

1 taza de zanahorias *baby*, partidas por la mitad

2 tallos de apio troceados

2 dientes de ajo picados

1 cucharadita de orégano seco

½ col mediana rallada

2 cucharaditas de sal *kosher*

1 lata de tomate entero pelado (400 g)

4 tazas de caldo de verduras

2 cucharadas de zumo de limón recién exprimido

2 cucharaditas de ralladura de limón

¼ de taza de perejil fresco picado

Pimienta negra recién molida al gusto

- Rocía una fina capa de aceite en una cazuela y caliéntala a fuego medio-alto hasta que el aceite adopte un tono brillante.
- Sofríe la cebolla 1 minuto hasta que empiece a ablandarse. Añade las zanahorias, el apio, el ajo y el orégano. Sofríelos entre 2 y 4 minutos hasta que se ablanden las zanahorias. Agrega la col y sofríela durante 2 minutos o hasta que se ablande también.
- Incorpora la sal, los tomates (incluido el líquido) y el caldo de verduras. Llévalos a ebullición y deja que se cocinen sin tapar durante 10 minutos. Retira la sopa del fuego y agrega el zumo de limón, la ralladura, el perejil y la pimienta. Sírvela de inmediato.

Ensalada de remolacha asada y pistachos

SÍNTOMAS QUE COMBATE

F Fatiga

I Insomnio

P Aumento de peso

RACIONES: 4
Tiempo de preparación: 40 min
Tiempo total: 60 min

SUGERENCIA
Prepárala varias horas antes, tápala y refrigérala.

MODIFICACIÓN PARA EL *RESET*
Adrenal Reset
Momento: cualquiera
Modificación: ninguna

***Reset* del metabolismo**
Momento: cena
Modificación: sírvela con proteínas, sin grasas adicionales.

Thyroid Reset
Momento: cualquiera
Modificación: ninguna

OPCIÓN SIN GLUTEN
No se necesita ninguna modificación.

OPCIÓN VEGANA
No se necesita ninguna modificación.

Ésta es una ensalada excelente para picotear o servir como centro de mesa en una comida. Suelo hacerla cuando nos sobra remolacha asada o precocinada del supermercado.

8 remolachas pequeñas o 4 grandes, peladas y cortadas en pedazos de 2,5 cm

3 dientes de ajo picados

Aceite

⅓ de taza de pistachos tostados sin sal

2 tazas de hojas de espinaca *baby*

¼ de taza de vinagre de arroz

1 cucharada de aceite de oliva virgen extra

Sal *kosher* y pimienta negra recién molida al gusto

- Precalienta el horno a 175 grados.
- En un bol mediano, introduce la remolacha y el ajo y rocíalos de aceite. Vierte la mezcla en una fuente de horno y cúbrela con papel de aluminio. Hornéala durante 30 minutos o hasta que la remolacha quede tierna. Déjala reposar durante 15 minutos hasta que se enfríe.
- En un bol de ensalada, mezcla la remolacha cocinada, los pistachos, las hojas de espinaca, vinagre y el aceite de oliva. Salpimienta al gusto.

Tubérculos asados

SÍNTOMAS QUE COMBATE

NM Niebla mental
F Fatiga
S Sofocos
I Insomnio
P Aumento de peso

RACIONES: 8
Tiempo de preparación: 10 min
Tiempo total: 40 min

SUGERENCIAS

Sírvelos con proteínas y carbohidratos saludables para disfrutar de un plato completo.

MODIFICACIÓN PARA EL *RESET*

Adrenal Reset
Momento: cualquiera
Modificación: ninguna

***Reset* del metabolismo**
Momento: cena
Modificación: sírvelos con proteínas, sin grasas adicionales.

Thyroid Reset
Momento: cualquiera
Modificación: ninguna

OPCIÓN SIN GLUTEN

No se necesita ninguna modificación.

OPCIÓN VEGANA

No se necesita ninguna modificación.

Es una buena guarnición para tener preparada con antelación. Puedes precocinarla y calentarla cuando sea necesario, aunque recomiendo tener los tubérculos preparados y listos para meterlos en el horno y asarlos cuando llegue el momento. Las mejores verduras para este plato son la remolacha, las zanahorias, el apio, el hinojo, las chirivías, las patatas, el colinabo, las batatas y los nabos.

6 tazas de tubérculos pelados y cortados en pedazos entre 2 y 4 cm

Sal *kosher* al gusto

- Precalienta el horno a 200 grados y cubre la bandeja con papel vegetal.
- Añade los tubérculos, distribúyelos de forma uniforme y salpícalos con sal. Mételos en el horno y hornéalos durante 35 o 40 minutos hasta que adopten un tono ligeramente marrón (o más tiempo si te gustan crujientes), comprobando su estado y removiendo cada 10 minutos.
- Sírvelos o refrigéralos durante un máximo de 3 días.

Crema de coliflor y romero

SÍNTOMAS QUE COMBATE

NM Niebla mental
S Sofocos
I Insomnio

RACIONES: 4

Tiempo de preparación: 10 min
Tiempo total: 40 min

SUGERENCIA

Sírvela con proteínas y carbohidratos para tomar una comida completa o refrigérala para el día siguiente.

MODIFICACIÓN PARA EL *RESET*

Adrenal Reset
Momento: cualquiera
Modificación: sírvela en lugar de otras grasas.

***Reset* del metabolismo**
Momento: cena
Modificación: sírvela en lugar de otras grasas.

Thyroid Reset
Momento: cualquiera
Modificación: ninguna

OPCIÓN SIN GLUTEN

No se necesita ninguna modificación.

OPCIÓN VEGANA

Utiliza caldo de verduras, en lugar de caldo de pollo.

El sabor del romero puede ser intenso si no se atenúa con otros ingredientes. El aceite de romero es una solución a este problema. Utiliza aceite de oliva con un sabor suave o incluso uno neutro para elaborarlo.

Aceite

1 cebolla mediana picada

2 dientes de ajo picados

4 tazas de caldo de pollo

4 ramitas de romero fresco (entre 7,5 y 12 cm)

1 coliflor sin corazón

2 cucharaditas de sal *kosher*

Pimienta negra recién molida al gusto

- Rocía una fina capa de aceite sobre una olla y caliéntala a fuego medio-alto hasta que el aceite adopte un tono brillante. Sofríe la cebolla durante 1 minuto hasta que empiece a ablandarse. Agrega el ajo y sofríelo durante 2 minutos.
- Añade el caldo de pollo, las ramitas de romero, la coliflor, la sal y la pimienta y llévalos brevemente a ebullición. Reduce el calor y déjalos cociendo entre 12 y 15 minutos hasta que la coliflor quede tierna.
- Retira las ramitas de romero y utiliza una batidora para hacer la crema, dejando más o menos un cuarto de coliflor sin triturar para aportarle textura. Sírvela de inmediato.

Brócoli al vapor

SÍNTOMAS QUE COMBATE

NM Niebla mental

F Fatiga

S Sofocos

I Insomnio

P Aumento de peso

RACIONES: 8

Tiempo de preparación: 5 min

Tiempo total: 15 min

MODIFICACIÓN PARA EL *RESET*

Adrenal Reset

Momento: cualquiera

Modificación: sírvelo con carbohidratos saludables y proteínas.

***Reset* del metabolismo**

Momento: cena

Modificación: sírvelo con carbohidratos saludables y proteínas.

Thyroid Reset

Momento: cualquiera

Modificación: ninguna

He utilizado brócoli en esta receta, pero tómate la libertad de usar una amplia variedad de verduras. Algunas opciones son una mezcla de verduras congeladas: chirivías, grelos, coliflor, zanahorias, calabacines, coles de Bruselas o una combinación de ellas. Basta con que las añadas en momentos distintos si tienen diferentes tiempos de cocción. Cuando cocines grandes cantidades de verduras, deja algunas raciones a medio cocer. De esta manera, cuando las calientes para servirlas, no se pasarán.

1 l de agua

2 cucharadas de sal *kosher*

2 manojos grandes de brócoli (1 kg), tanto los floretes como los tallos pelados, cortados en pedazos de 1,5 a 2,5 cm

- En una olla grande con vaporera, lleva el agua a ebullición y añade la sal. Coloca en la vaporera el brócoli, introdúcelo en la olla y tápala.
- Deja que se cocine al vapor 3 o 4 minutos. Levanta la vaporera y mete el brócoli bajo agua fría durante 30 segundos para detener la cocción.
- Deja que se enfríe 10 minutos. Sírvelo o refrigéralo durante un máximo de 5 días.

Ensalada de remolacha

SÍNTOMAS QUE COMBATE

Niebla mental

Fatiga

Aumento de peso

RACIONES: 4
Tiempo de preparación: 5 min
Tiempo total: 5 min

SUGERENCIA
Hazla varias horas antes, tápala y refrigérala.

MODIFICACIÓN PARA EL *RESET*

Adrenal Reset
Momento: cualquiera
Modificación: ninguna

***Reset* del metabolismo**
Momento: cualquiera, comida ilimitada
Modificación: ninguna

Thyroid Reset
Momento: cualquiera
Modificación: ninguna

OPCIÓN SIN GLUTEN
No se necesita ninguna modificación.

OPCIÓN VEGANA
No se necesita ninguna modificación.

Prométeme que esta receta no te la pensarás dos veces. En ocasiones, algo bueno puede ser así de fácil. Merece la pena tener los guantes a mano para platos como éste si no quieres pasarlas moradas para no mancharlo todo (perdón por la broma).

Zumo de 1 limón

2 cucharaditas de azúcar moreno o cualquier otro edulcorante de tu elección

½ cucharadita de sal *kosher*

1 cucharadita de aceite de oliva virgen extra

2 remolachas medianas, peladas y ralladas con un rallador o con un procesador de alimentos

- Mezcla en un bol pequeño el zumo de limón, el azúcar moreno, la sal y el aceite. Coloca la remolacha rallada en un bol de ensalada y vierte encima el aderezo.
- Sírvela y disfruta.

Ensalada de col y sésamo

Ésta es la manera perfecta de tomar verduras crucíferas y de hoja verde de forma sencilla. Es una receta muy rápida si usas un procesador de alimentos o compras una mezcla de col ya preparada.

ENSALADA

¼ de col rallada

1 zanahoria grande rallada

½ cebolla roja, troceada en juliana fina

ADEREZO

1 cucharadita de aceite de sésamo tostado

1 cucharada de semillas de sésamo

1 cucharada de salsa de soja tamari

Zumo de 2 limas

- Mezcla los ingredientes de la ensalada en un bol grande.
- Mezcla los ingredientes del aderezo en un bol pequeño. Viértelos sobre la ensalada y remueve de forma meticulosa.
- Sírvela y disfruta.

SÍNTOMAS QUE COMBATE

NM Niebla mental

S Sofocos

I Insomnio

RACIONES: 4

Tiempo de preparación: 10 min

Tiempo total: 10 min

SUGERENCIA

Hazla varias horas antes, tápala y refrigérala.

MODIFICACIÓN PARA EL *RESET*

Adrenal Reset

Momento: comida, cena

Modificación: ninguna

***Reset* del metabolismo**

Momento: cualquiera

Modificación: ninguna

Thyroid Reset

Momento: cualquiera

Modificación: ninguna

OPCIÓN SIN GLUTEN

No se necesita ninguna modificación.

OPCIÓN VEGANA

No se necesita ninguna modificación.

Berenjena *thai* con albahaca

SÍNTOMAS QUE COMBATE

NM Niebla mental

F Fatiga

P Aumento de peso

RACIONES: 4

Tiempo de preparación: 10 min

Tiempo total: 20 min

SUGERENCIA

Sírvela sobre un lecho de arroz, junto con proteínas como pollo cocido o tofu.

MODIFICACIÓN PARA EL *RESET*

Adrenal Reset

Momento: cualquiera

Modificación: ninguna

***Reset* del metabolismo**

Momento: cena

Modificación: sírvela en lugar de todas las otras fuentes de grasa.

Thyroid Reset

Momento: cualquiera

Modificación: ninguna

OPCIÓN SIN GLUTEN

No se necesita ninguna modificación.

OPCIÓN VEGANA

No se necesita ninguna modificación.

La albahaca tailandesa es un tipo de albahaca más aromática, con beneficios parecidos para la salud. Pruébala si logras encontrarla, pero no te preocupes si sólo cuentas con la albahaca tradicional. Puedes usar berenjenas italianas, en lugar de japonesas, pero, si lo haces, asegúrate de pelarlas primero.

Aceite

2 berenjenas japonesas, cortadas en perpendicular en trozos de 4 cm

3 dientes de ajo picados

3 cebolletas laminadas

115 g de hojas de albahaca tailandesa o santa (alrededor de 1 taza sin compactar)

1 cucharadita de harina de arruruz o maicena

1 cucharada de vino blanco para cocinar

2 cucharaditas de salsa de pescado

½ cucharadita de azúcar moreno o cualquier otro edulcorante natural de tu elección

2 cucharaditas de salsa de soja tamari

1 cucharadita de aceite de sésamo tostado

½ cucharadita de pimienta blanca molida

¼ de taza de caldo de verduras

- Rocía con aceite un wok o una sartén grande y caliéntalo a fuego medio-alto. Distribuye la berenjena de forma uniforme y séllala, tapada, durante 2 minutos. Quita la tapa, dale la vuelta y séllala durante otros 2 minutos.
- Vuelve a darle la vuelta, sube el fuego a temperatura alta y cocina 1 o 2 minutos más hasta que la berenjena adopte un color dorado. Colócala en un bol.
- Rocía de aceite el wok de nuevo y añade el ajo, la cebolleta y la albahaca. Saltéalos durante 30 segundos y añade de nuevo la berenjena.
- Agrega el resto de los ingredientes y remuévelos bien para que se mezclen, adopten una masa homogénea y se calienten durante 1 o 2 minutos. Sírvelas enseguida.

Platos principales

Los platos principales son comidas completas que incluyen verduras, proteínas y carbohidratos saludables. Encontrarás una buena mezcla de opciones aquí, desde proteínas sanas con deliciosos acompañantes hasta sopas, revueltos, ensaladas y mucho más. Sírvelos como cena o comida sustanciosa y deliciosa.

LEYENDA DE SÍNTOMAS

Niebla mental

Fatiga

Sofocos

Insomnio

Aumento de peso

Arroz prohibido con *tempeh*

SÍNTOMAS QUE COMBATE

S Sofocos

I Insomnio

RACIONES: 4
Tiempo de preparación: 10 min
Tiempo total: 20 min

MODIFICACIÓN PARA EL *RESET*

Adrenal Reset
Momento: cualquiera
Modificación: ninguna

***Reset* del metabolismo**
Momento: cena
Modificación: ninguna

Thyroid Reset
Momento: cualquiera
Modificación: ninguna

OPCIÓN SIN GLUTEN
No se necesita ninguna modificación.

OPCIÓN VEGANA
No se necesita ninguna modificación.

El arroz negro es la estrella de este salteado. El *tempeh* es un alimento fermentado tradicional de la gastronomía indonesia. Es una proteína completa, rica en fibra, micronutrientes, prebióticos y antioxidantes. La mayoría de los supermercados lo colocan en la sección de comida refrigerada o congelada. Asegúrate de que el arroz está refrigerado y no remuevas demasiado cuando lo añadas. Si no, se perderá el color de los demás ingredientes.

Aceite

1 paquete de *tempeh* (350 g), descongelado y cortado en pedazos del tamaño de un bocado

2 ramitas de *lemon grass* fresco, sin la raíz ni las hojas exteriores, con la sección blanca picada finamente, o 2 cucharadas de *lemon grass* seco

2 dientes de ajo picados

¼ de taza de agua

1 cabeza de brócoli, cortada en pedazos del tamaño de un bocado, sin los tallos

500 g de judías verdes, cortadas en pedazos de 4 cm

1 cebolla mediana, cortada en juliana

1 cucharada de miel

Entre ½ y 1 cucharadita de pimentón picante (según tolerancia)

2 cucharadas de salsa de soja tamari

2 tazas de arroz negro cocido y refrigerado

2 cebolletas, picadas en trozos grandes

- Rocía con aceite un wok o una sartén grande y caliéntalo a fuego medio hasta que chisporrotee una gota de agua.
- Añade el *tempeh* y sofríelo hasta que se torne marrón (unos 5 minutos). Agrega el *lemon grass* y el ajo y sofríelos 2 minutos más.
- Incorpora el agua, el brócoli, las judías verdes, la cebolla, la miel, el pimentón y la salsa de soja. Sofríelos durante 5 minutos más o hasta que las verduras se cocinen y su color se vuelva vivo.
- Agrega el arroz negro y remuévelo hasta que se caliente. Decora con las cebolletas y sírvelo.

Berenjena al curri con garbanzos y tomates

SÍNTOMAS QUE COMBATE

NM Niebla mental

S Sofocos

I Insomnio

RACIONES: 4

Tiempo de preparación: 30 min

Tiempo total: 45 min

SUGERENCIA

Sírvela como plato completo.

MODIFICACIÓN PARA EL *RESET*

Adrenal Reset

Momento: cualquiera

Modificación: ninguna

***Reset* del metabolismo**

Momento: cena

Modificación: sírvela con carbohidratos, sin grasas adicionales.

Thyroid Reset

Momento: cualquiera

Modificación: ninguna

OPCIÓN SIN GLUTEN

No se necesita ninguna modificación.

OPCIÓN VEGANA

No se necesita ninguna modificación.

Para este plato, tómate la libertad de usar una berenjena asiática si la tienes a mano.

Aceite

1 berenjena, lavada, sin el tallo y troceada en dados

Sal *kosher* al gusto

1 cebolla mediana picada

1 cucharada de jengibre fresco pelado y picado

3 dientes de ajo picados

1 cucharada de curri en polvo

1 lata de leche de coco *light* (380 g)

1 lata de tomate entero pelado (400 g), cortado en dados

1 lata de garbanzos escurridos (400 g)

Decoración: ½ taza de hojas de perejil frescas picadas

- Precalienta el horno a 200 grados.
- Rocía una fina capa de aceite sobre una bandeja de horno. Coloca la berenjena troceada, cúbrela con otra fina capa de aceite y condimenta con sal. Hornéala durante 25 minutos, removiéndola cada 5.
- Mientras se cocina la berenjena, rocía con aceite una cazuela mediana y caliéntala a fuego medio hasta que el aceite adquiera un tono brillante. Añade la cebolla, el jengibre y el ajo. Sofríelos durante 3 o 4 minutos sin dejar de remover.
- Incorpora el curri en polvo y sofríelo durante 2 minutos más sin dejar de remover. Agrega la leche de coco, los tomates, la berenjena asada y los garbanzos. Cocínalos a fuego lento hasta que la berenjena quede blanda (entre 3 y 5 minutos). Decórala con perejil y sírvela.

Chili de cactus

SÍNTOMAS QUE COMBATE

F Fatiga

I Insomnio

P Aumento de peso

RACIONES: 4

Tiempo de preparación: 15 min

Tiempo total: 45 min

MODIFICACIÓN PARA EL *RESET*

Adrenal Reset

Momento: cualquiera

Modificación: ninguna

***Reset* del metabolismo**

Momento: cena

Modificación: ninguna

Thyroid Reset

Momento: cualquiera

Modificación: ninguna

OPCIÓN SIN GLUTEN

No se necesita ninguna modificación.

OPCIÓN VEGANA

Sustituye la ternera por *tempeh* desmenuzado.

Sí, es cactus de verdad. Las hojas de nopal son una de las fuentes más ricas conocidas de fibra soluble. Hacen un trabajo increíble a la hora de estabilizar el nivel de azúcar en sangre y reducir el apetito. Con el añadido de la cayena, este plato es una gran receta para perder peso. Por muy exótico que suene el cactus, es fácil de encontrar. La mayoría de los supermercados ofrecen nopalitos enlatados en la sección de comida mexicana. Si no logras encontrarlos, la okra fresca o congelada es un buen sustituto.

500 g de carne magra (97 %) picada de ternera

1 cebolla amarilla mediana picada

4 dientes de ajo picados

1 bote de nopalitos (425 g)

1 cucharada de comino molido

4 cucharadas de pimentón picante

1 cucharadita de pimienta de cayena (menos si eres sensible al picante)

1 lata de tomate entero pelado (400 g), cortado en dados

2 cucharadas de pasta de tomate

1 lata de alubias con el líquido (400 g)

1 ½ cucharaditas de sal *kosher*

¼ de cucharadita de pimienta negra recién molida

4 tazas de hojas de espinaca

- Dora la ternera en una cazuela de entre 4 y 6 litros sobre fuego medio durante unos 5 minutos y escúrrela.
- Añade la cebolla y el ajo y sofríelos con la ternera durante 2 o 3 minutos o hasta que se ablande la cebolla. Agrega los nopalitos, el comino, el pimentón, la cayena, el tomate entero pelado, la pasta de tomate, las alubias, la sal y la pimienta negra.
- Cuécelos, con una tapa no hermética, a fuego bajo durante 40 minutos. Incorpora las hojas de espinaca y remuévelas bien hasta que se ablanden y se mezclen. Sírvelo como un plato completo.

Salteado de jengibre y ajo

SÍNTOMAS QUE COMBATE

NM Niebla mental

F Fatiga

P Aumento de peso

RACIONES: 4

Tiempo de preparación: 10 min

Tiempo total: 20 min

SUGERENCIA

Sírvelo sobre un lecho de arroz.

MODIFICACIÓN PARA EL *RESET*

Adrenal Reset

Momento: cualquiera

Modificación: ninguna

***Reset* del metabolismo**

Momento: cena

Modificación: ninguna

Thyroid Reset

Momento: cualquiera

Modificación: ninguna

OPCIÓN SIN GLUTEN

No se necesita ninguna modificación.

OPCIÓN VEGANA

Omite el pollo y utiliza 2 paquetes de *tempeh* (350 g), cortado en pedazos del tamaño de un bocado.

Éste es el salteado de verduras más típico. Tómate la libertad de mezclar y combinar distintas verduras. Este plato es genial para cuando tengas un popurrí de verduras en la nevera porque sirve casi con cualquier combinación. Esta receta es una buena lección de cómo hacer un salteado sin bañar la comida en aceite.

Aceite

1 cucharada de arruruz o maicena

2 cucharadas de salsa de soja sin gluten

2 cucharadas de caldo de verduras o agua

1 taza de champiñones blancos laminados

¼ de taza de cebolla picada

1 cabeza pequeña de brócoli, cortada en floretes

2 cucharaditas de jengibre fresco, pelado y picado, por separado

3 dientes de ajo picados

½ taza de tirabeques

¼ de taza de zanahorias ralladas en trozos gruesos

2 pechugas deshuesadas y sin piel, cortadas en pedazos del tamaño de un bocado

1 cucharadita de aceite de sésamo tostado

- Rocía con aceite un wok o una sartén grande y caliéntalo a fuego medio-alto hasta que el aceite adopte un tono brillante.
- Mezcla la maicena, la salsa de soja y el caldo de verduras en un bol grande.
- Añade las verduras al wok según el tiempo de cocción: champiñones, cebolla, floretes de brócoli, jengibre y ajo, tirabeques y zanahorias. Cocina cada ingrediente entre 1 o 2 minutos antes de añadir el siguiente.
- Cuando las verduras estén tiernas, retíralas del wok y añade una nueva capa fina de aceite antes de agregar el pollo.
- Sofríe el pollo durante 3 o 4 minutos o hasta que esté medianamente cocinado. Quita el wok del calor y añade la mezcla líquida. Caliéntala a fuego medio-alto mientras remueves durante 1 o 2 minutos más o hasta que se espese la mezcla líquida. Añade el aceite de sésamo tostado justo antes de servir.

Pollo con chili verde

SÍNTOMAS QUE COMBATE

Fatiga

Insomnio

RACIONES: 4
Tiempo de preparación: 10 min
Tiempo total: 35 min

SUGERENCIA
Sírvelo como plato completo.

MODIFICACIÓN PARA EL *RESET*
Adrenal Reset
Momento: comida, cena
Modificación: ninguna

***Reset* del metabolismo**
Momento: cena
Modificación: ninguna

Thyroid Reset
Momento: cualquiera
Modificación: ninguna

OPCIÓN SIN GLUTEN
No se necesita ninguna modificación.

OPCIÓN VEGANA
Omite el pollo y utiliza 2 paquetes de *tempeh* (350 g), cortado en pedazos del tamaño de un bocado, y usa caldo de verduras, en lugar de caldo de pollo.

El sabor del chili verde tradicional procede de los tomatillos verdes asados. Si deseas omitir la salsa verde, puedes comprar 500 g de tomatillos frescos, cortarlos por la mitad y asarlos en una bandeja de horno durante 25 minutos a 175 grados. Añade sal y comino adicionales al gusto.

Aceite

1 cebolla mediana picada

4 dientes de ajo picados

3 pechugas de pollo troceadas en dados

3 cucharaditas de comino molido

3 tazas de caldo de pollo

2 botes de judías cannellini con su líquido (425 g)

1 taza de salsa verde

Decoración:
⅓ de taza de hojas de cilantro fresco picadas

- Calienta una sartén grande sobre fuego medio-alto durante 30 segundos y añade una fina capa de aceite a la sartén.
- Agrega la cebolla y reduce la temperatura a fuego medio. Sofríela durante 2 o 3 minutos o hasta que se vuelva transparente. Incorpora el ajo y sofríelo durante 1 minuto más.
- Retira la cebolla y el ajo de la sartén y añade el pollo. Sofríelo entre 3 y 5 minutos, removiendo con frecuencia, hasta que se cocine la carne.
- Devuelve el ajo y la cebolla a la sartén y agrega el comino, el caldo, las judías y la salsa verde. Cocínalos a baja temperatura durante 20 minutos antes de retirarlos del fuego.
- Decora con cilantro y sírvelo.

Pollo al papillote con rábanos

SÍNTOMAS QUE COMBATE

F Fatiga

S Sofocos

RACIONES: 4

Tiempo de preparación: 25 min

Tiempo total: 45 min

SUGERENCIA

Sírvelo como plato completo.

MODIFICACIÓN PARA EL *RESET*

Adrenal Reset

Momento: cualquiera

Modificación: ninguna

***Reset* del metabolismo**

Momento: cena

Modificación: sírvelo con carbohidratos, sin grasas adicionales.

Thyroid Reset

Momento: cualquiera

Modificación: ninguna

OPCIÓN SIN GLUTEN

No se necesita ninguna modificación.

OPCIÓN VEGANA

Utiliza tofu seco sazonado, en lugar de pollo.

Los rábanos son una de las verduras crucíferas más infrautilizadas. Cuando se hornean, se vuelven dulces y potencian el sabor de todo aquello que los acompaña.

Aceite

4 pechugas de pollo medianas

Sal *kosher* y pimienta negra recién molida al gusto

6 dientes de ajo picados

1 cucharada de jengibre fresco pelado y picado

¼ de cucharadita de pimienta de cayena

500 g de batatas, peladas y cortadas en láminas de medio centímetro

1 puñado de rábanos (entre 8 y 12), limpios y cortados en cuatro trozos

1 cebolla dulce mediana, picada en trozos gruesos

Decoración: ⅓ taza de hojas de cilantro fresco picadas

- Precalienta el horno a 230 grados.
- Corta 4 láminas de papel de aluminio de unos 30x30 cm. Rocía una fina capa de aceite sobre ellas y coloca una pechuga de pollo en cada una. Salpimienta ambos lados.
- Añade el ajo, el jengibre, la cayena, las batatas, los rábanos y las cebollas de forma uniforme en cada lámina. Dóblalas, presionando juntos los bordes para cerrarlos, y coloca las 4 raciones en una bandeja antes de meterla en el horno. Hornea entre 20 y 25 minutos o hasta que el pollo alcance 71 grados en un termómetro de carne.
- Retira del horno la bandeja y abre el papel de aluminio. Decora cada ración con cilantro y sírvela.

Ensalada nizarda saludable

SÍNTOMAS QUE COMBATE

NM Niebla mental

F Fatiga

S Sofocos

RACIONES: 4

Tiempo de preparación: 25 min

Tiempo total: 30 min

SUGERENCIA

Hazla varias horas antes, tápala y refrigérala.

MODIFICACIÓN PARA EL *RESET*

Adrenal Reset

Momento: cualquiera

Modificación: ninguna

***Reset* del metabolismo**

Momento: cena

Modificación: ninguna

Thyroid Reset

Momento: cualquiera

Modificación: omite el bonito e incluye otra fuente permitida de proteínas como el pollo enlatado.

OPCIÓN SIN GLUTEN

No se necesita ninguna modificación.

OPCIÓN VEGANA

Omite el bonito y los huevos.

Ésta es una actualización de mi anterior ensalada nizarda porque siempre intento mejorar y simplificar las cosas. En lugar de las patatas hervidas, puedes usar los restos de puré de patatas y añadirlos al aderezo.

ENSALADA

2 latas de bonito escurrido (150 g)

9 huevos duros, pelados y cortados en cuatro trozos, sin la yema si se desea

500 g de patatas Yukon Gold (entre 2 y 3), cortadas en 4 trozos y hervidas hasta quedar lo bastante blandas como para pincharlas con el tenedor (por lo general, entre 5 y 8 minutos)

2 cabezas de lechuga mantecosa, lavada, escurrida y cortada en trozos pequeños

1 paquete de tomates cherri maduros, cortados por la mitad

1 cebolla roja, cortada en juliana fina

250 g de judías verdes, limpias y cortadas en trozos de 4 cm, hervidas durante 4 minutos con las patatas

¼ de taza de aceitunas de Kalamata

2 cucharadas de alcaparras escurridas

ADEREZO

⅓ de taza de zumo de limón o vinagre de vino tinto

2 cucharaditas de levadura nutricional sin ácido fólico

¼ de taza de aceite de oliva virgen extra

3 cucharadas de chalotas finamente picadas

2 cucharaditas de estragón fresco finamente cortado o 1 cucharadita de estragón seco

1 cucharadita de mostaza de Dijon

Sal *kosher* y pimienta negra recién molida al gusto

- Mezcla los ingredientes de la ensalada en un bol grande, con la lechuga como base y los demás divididos en grupos sobre ella.
- Vierte los ingredientes del aderezo en un tarro, mézclalos y rocíalos sobre la ensalada justo antes de servirla.

Lentejas con verduras

SÍNTOMAS
QUE COMBATE

F Fatiga

I Insomnio

P Aumento de peso

RACIONES: 4
Tiempo de preparación: 10 min
Tiempo total: 40 min

SUGERENCIA
Sírvelas como plato completo.

MODIFICACIÓN PARA EL *RESET*
Adrenal Reset
Momento: cualquiera
Modificación: ninguna

***Reset* del metabolismo**
Momento: cena
Modificación: ninguna

Thyroid Reset
Momento: cualquiera
Modificación: ninguna

OPCIÓN SIN GLUTEN
No se necesita ninguna modificación.

OPCIÓN VEGANA
No se necesita ninguna modificación.

Las lentejas son increíbles. Contienen tantas proteínas que son capaces de aportar por sí mismas suficientes proteínas y carbohidratos saludables. Si tienes algunas verduras, puedes conseguir con facilidad un plato completo. Además, se cocinan más rápido que las demás legumbres, son fáciles de digerir y tienen un sabor delicioso.

Se pueden añadir otras verduras a esta receta o sustituir las que aparecen a continuación (por ejemplo, a mi mujer le gusta agregar calabacines). También puedes dedicar un poco de tiempo a sofreír las cebollas y el ajo si lo deseas.

2 cucharadas de pasta de tomate

2 cucharaditas de sal *kosher*

4 tazas de caldo de verduras

1 cucharada de zumo de limón

½ cebolla mediana picada

2 ramas de apio troceadas

1 zanahoria mediana troceada

1 pimiento rojo, sin semillas ni corazón, troceado

2 dientes de ajo picados

225 g de champiñones blancos, limpios, sin tallos y troceados

1 lata de tomate entero pelado (225 g), cortado en dados

1 taza de lentejas lavadas

1 hoja de laurel

1 taza de hojas de espinaca troceadas

Pimienta negra recién molida al gusto

- En un bol, mezcla bien la pasta de tomate, la sal, el caldo de verduras y el zumo de limón.
- Vierte la mezcla en una olla grande con las cebollas, el apio, la zanahoria, el pimiento, el ajo, los champiñones, el tomate entero pelado, las lentejas, la hoja de laurel, las espinacas y la pimienta negra. Cocínalos sobre fuego medio-alto durante 30 minutos o hasta que las lentejas estén tiernas. Retira la hoja de laurel antes de servirlas.

Pastel de carne minestrone

SÍNTOMAS QUE COMBATE

Fatiga

P Aumento de peso

RACIONES: 4
Tiempo de preparación: 10 min
Tiempo total: 70 min

SUGERENCIA
Sírvelo como plato completo. También puedes refrigerarlo y tomarlo después.

MODIFICACIÓN PARA EL *RESET*

Adrenal Reset
Momento: cualquiera
Modificación: ninguna

***Reset* del metabolismo**
Momento: cena
Modificación: ninguna

Thyroid Reset
Momento: cualquiera
Modificación: ninguna

OPCIÓN SIN GLUTEN
No se necesita ninguna modificación.

OPCIÓN VEGANA
Utiliza «carne» picada vegana. Sustituye la clara de huevo por el líquido de las judías en lata.

Ésta es una versión divertida de un plato clásico y socorrido que puede ayudarnos a tomar una buena cantidad de ajo. Todos los sabores típicos de la minestrone se encuentran en este plato, pero en su forma horneada. Me gusta utilizar carne magra picada (93 %) de ternera o «carne» picada de origen vegetal. Para la avena, suelo tener la tradicional en la despensa, pero puedes triturar con la batidora avena seca durante unos 30 segundos hasta conseguir una textura más similar a la de cocción rápida.

Aceite

1 cebolla amarilla mediana picada

500 g de carne magra picada (93 %) de ternera o pavo

1 lata de judías cannellini escurridas (450 g)

1 lata de tomate entero pelado (400 g), cortado en dados

1 taza de copos de avena de cocción rápida

½ taza (volumen precocinado) de pasta pequeña integral como coditos u *orechiette*, cocinada y escurrida

1 taza de verduras troceadas en dados como calabacines, calabaza de verano o guisantes

1 cucharada de pasta de tomate

4 dientes de ajo picados

1 taza de claras líquidas de huevo

2 cucharaditas de orégano seco

1 cucharadita de tomillo seco

2 hojas de laurel

2 cucharaditas de zumo de limón

1 cucharadita de sal *kosher*

½ cucharadita de pimienta negra recién molida

- Precalienta el horno a 200 grados y rocía aceite sobre una sartén grande. Caliéntala a fuego medio-alto hasta que chisporrotee una gota de agua.
- Sofríe la cebolla durante 2 o 3 minutos o hasta que se vuelva transparente y retírala del fuego.
- Mézclala con el resto de los ingredientes en un bol grande.
- Rocía un molde de unos 20 cm con más aceite. Pasa la mezcla al molde, extiéndela uniformemente, cúbrela con papel de aluminio y hornéala durante 1 hora o hasta que la temperatura interior alcance los 73 grados. Sírvelo enseguida.

Fideos chinos de arroz picantes con langostinos

SÍNTOMAS QUE COMBATE

NM Niebla mental

S Sofocos

P Aumento de peso

RACIONES: 4

Tiempo de preparación: 10 min

Tiempo total: 25 min

SUGERENCIA

Sírvelos como plato completo.

MODIFICACIÓN PARA EL *RESET*

Adrenal Reset

Momento: comida, cena

Modificación: ninguna

***Reset* del metabolismo**

Momento: cena

Modificación: ninguna

Thyroid Reset

Momento: cualquiera

Modificación: ninguna

OPCIÓN SIN GLUTEN

No se necesita ninguna modificación.

OPCIÓN VEGANA

Omite los langostinos.

Los langostinos son una buena variedad de marisco al contener poco yodo, sobre todo si están bien lavados. Ajusta el uso de los jalapeños según la tolerancia al picante. Si te gusta, añade las semillas y las membranas. Si no, utiliza sólo 1 o ½ jalapeño para este plato.

1 paquete de fideos chinos de arroz (350 g)

500 g de langostinos, lavados, pelados y limpios

Aceite

2 dientes de ajo picados

1 zanahoria grande, cortada en bastones de 4 cm

2 jalapeños, verdes o rojos, sin las semillas ni los tallos, cortados en trozos finos

1 taza de edamame congelado, sin vainas

¼ de taza de mantequilla de cacahuete de textura crujiente

2 cucharadas de salsa de soja tamari

1 cucharada de azúcar moreno o cualquier otro azúcar natural

Decoración: 1 lima partida en cuatro trozos

- Introduce los fideos de arroz en agua caliente, siguiendo las indicaciones del paquete. Mete los langostinos en el fregadero o una cazuela grande con, al menos, 3,5 litros de agua, remuévelos durante un minuto, cambia el agua y repite el proceso antes de secarlos.

- Calienta un wok o una sartén grande durante unos 30 segundos a fuego medio-alto. Baja la temperatura a fuego medio y añade una fina capa de aceite. Agrega el ajo a la sartén y sofríelo durante 1 minuto.

- Añade las zanahorias y los jalapeños y sofríelos durante 2 minutos. Agrega los edamame, la mantequilla de cacahuete, la salsa de soja y el azúcar moreno hasta que se mezclen y sofríelos 2 minutos más.

- Aumenta la temperatura a fuego medio-alto. Añade los langostinos y sofríelos hasta que adopten un tono rosado y una textura firme. Que no se te pasen. Añade los fideos de arroz escurridos y remuévelos hasta que se calienten y todo se mezcle de manera uniforme. Sírvelos, decorados con la lima.

Laksa de verduras con tofu

SÍNTOMAS QUE COMBATE

NM Niebla mental

S Sofocos

I Insomnio

RACIONES: 4
Tiempo de preparación: 10 min
Tiempo total: 25 min

SUGERENCIA
Sírvela como plato completo.

MODIFICACIÓN PARA EL *RESET*

Adrenal Reset
Momento: comida, cena
Modificación: ninguna

***Reset* del metabolismo**
Momento: cena
Modificación: ninguna

Thyroid Reset
Momento: cualquiera
Modificación: ninguna

OPCIÓN SIN GLUTEN
No se necesita ninguna modificación.

Se trata de una sopa vegana saludable y sabrosa. El *lemon grass* es importante. Si no lo encuentras fresco, utiliza pasta de *lemon grass,* que suele estar disponible en la sección de vegetales. El seco casi no tiene sabor, así que no merece la pena usarlo.

2 cucharadas de pasta de curri rojo tailandés

1 cucharadita de salsa de chili

2 cucharadas de salsa de soja tamari

2 tazas de caldo de verduras

1 taza de leche de coco *light* de lata

2 cucharaditas de levadura nutricional sin ácido fólico

3 trozos de *lemon grass* fresco (unos 10 cm) o 1 cucharada de pasta de *lemon grass*

1 paquete de fideos chinos de arroz (225 g)

115 g de champiñones blancos, sin los tallos, cortados en 4 trozos

1 calabacín laminado

225 g de tofu firme troceado en dados

225 g de tirabeques, sin los extremos

DECORACIÓN

Zumo de 1 lima

2 tazas brotes de soja verde

- Mezcla la pasta de curri, la salsa de chili, la salsa de soja, el caldo de verduras, la leche de coco y la levadura nutricional en una cazuela grande.
- Calienta la mezcla a fuego medio y llévala a ebullición.
- Añade el *lemon grass,* los fideos chinos de arroz, los champiñones, los calabacines, el tofu y los tirabeques y cocínalos hasta que los fideos queden tiernos, siguiendo las instrucciones del paquete.
- Rocía el zumo de lima y decora el plato con brotes de soja verde antes de servir la *laksa.*

Salsas y aderezos

Puedes usar las salsas con la mayoría de los platos de proteínas y carbohidratos sin sazonar. Los aderezos sirven para ofrecer variedad a tus «Ensaladas diarias».

LEYENDA DE SÍNTOMAS

 Niebla mental
 Fatiga
 Sofocos
Insomnio
Aumento de peso

Pesto de espinacas y aguacate

SÍNTOMAS QUE COMBATE

NM Niebla mental
F Fatiga
P Aumento de peso

RACIONES: 4
Tiempo de preparación: 5 min
Tiempo total: 5 min

SUGERENCIA
Sírvelo sobre la pasta con pollo cocido y tomates cherri partidos a la mitad para disfrutar de una comida completa.

MODIFICACIÓN PARA EL *RESET*

Adrenal Reset
Momento: cualquiera
Modificación: sírvelo en lugar de otras fuentes de grasa.

***Reset* del metabolismo**
Momento: cena
Modificación: sírvelo en lugar de otras fuentes de grasa.

Thyroid Reset
Momento: cualquiera
Modificación: ninguna

OPCIÓN SIN GLUTEN
No se necesita ninguna modificación.

OPCIÓN VEGANA
No se necesita ninguna modificación.

Si te cuesta ganar peso, siéntete libre de echarle mucho aceite y queso a este pesto, en lugar de aguacate. He ideado esta receta porque me encanta el pesto, pero ganar peso es demasiado fácil. Sabe tan bien como cualquier versión clásica, pero cuenta con muchos más nutrientes y menos calorías. Si lo haces con antelación, dale a la albahaca un rápido hervor de 1 minuto, seguido de 2 minutos en agua con hielo. Esto evitará que el color se degrade hasta un máximo de 3 días.

115 g de albahaca fresca, sin tallos, y secada con toquecitos

2 tazas de hojas de espinaca

1 aguacate mediano, pelado, sin corazón y cortado en cuatro trozos

½ lata de alubias blancas (425 g)

½ taza de aquafaba (líquido de las alubias)

1 diente de ajo picado

Zumo de 1 limón

½ cucharadita de sal *kosher*

¼ de cucharadita de pimienta de cayena

- Añade todos los ingredientes al vaso de una batidora pequeña o un procesador de alimentos, vertiendo primero la aquafaba y el aguacate. Tritúralos hasta obtener una masa homogénea y sirve la salsa enseguida.

Ajo asado

SÍNTOMAS QUE COMBATE

NM Niebla mental

F Fatiga

P Aumento de peso

RACIONES: 8

Tiempo de preparación: 5 min

Tiempo total: 45 min

SUGERENCIAS

Sírvelo como salsa en cualquier plato sabroso, sobre todo los de ave de corral o *tempeh*.

MODIFICACIÓN PARA EL *RESET*

Adrenal Reset

Momento: cualquiera

Modificación: ninguna

***Reset* del metabolismo**

Momento: Unlimited food

Modificación: ninguna

Thyroid Reset

Momento: cualquiera

Modificación: ninguna

OPCIÓN SIN GLUTEN

No se necesita ninguna modificación.

OPCIÓN VEGANA

No se necesita ninguna modificación.

El ajo asado es genial para cocinarlo con antelación. Las cabezas de ajo son tan pequeñas que puedes cocinarlas en el horno mientras se hace cualquier otro plato sabroso. Si enciendes el horno para cualquier otra receta y no tienes ajo asado, ¡añade un poco!

4 cabezas de ajo sin pelar

- Precalienta el horno a 175 grados.
- Corta medio centímetro de la parte superior de cada cabeza, el extremo con las raíces, sin tocar los dientes.
- Coloca las cabezas con el corte hacia arriba sobre papel de aluminio. Envuélvelas con éste de forma individual y hornéalas durante 45 minutos o hasta que adopten color caramelo.
- Deja que se enfríen por completo. Luego, aprieta las cabezas para sacar los dientes y colócalos en un recipiente pequeño de cristal. Sírvelo de inmediato o consérvalo en la nevera durante un máximo de 7 días.

Pesto clásico de nueces

SÍNTOMAS QUE COMBATE

NM Niebla mental

F Fatiga

RACIONES: 4

Tiempo de preparación: 10 min

Tiempo total: 10 min

SUGERENCIA

Sírvelo sobre pasta integral o fideos de calabacín junto con alguna proteína neutra como la pechuga de pollo troceada en dados o el *tempeh* desmigajado sofrito.

MODIFICACIÓN PARA EL *RESET*

Adrenal Reset
Momento: cualquiera
Modificación: sírvelo en lugar de otras fuentes de grasa.

***Reset* del metabolismo**
Momento: cena
Modificación: sírvelo en lugar de otras fuentes de grasa.

Thyroid Reset
Momento: cualquiera
Modificación: ninguna

OPCIÓN SIN GLUTEN

No se necesita ninguna modificación.

OPCIÓN VEGANA

No se necesita ninguna modificación.

Esta versión de pesto es más ligera, con un sabor más nítido y concentrado de lo habitual. La aquafaba, el líquido que sobra tras cocinar legumbres, tiene la textura perfecta y es una buena fuente de almidón resistente. La forma más fácil de conseguir aquafaba es abrir una lata de garbanzos y verter ½ taza del líquido. Reserva las legumbres para después. Opta por nueces partidas a la mitad antes que por nueces troceadas. El sabor es más rico porque se ha oxidado menos el aceite. En esta versión, las nueces se trituran. También puedes añadirlas al final y no triturarlas totalmente si prefieres conservar su textura. Me encanta servir el pesto justo después de triturarlo. Los colores y los sabores comienzan a desvanecerse de inmediato.

1 diente de ajo sin piel

⅓ de taza de nueces peladas

Una pizca de pimienta de cayena

115 g de albahaca fresca, enjuagada, sin tallos y secada con toquecitos

½ taza de aquafaba y lo que se necesite en el procesador de alimentos

1 cucharada de zumo de limón recién exprimido o la cantidad que se desee (al gusto)

½ cucharadita de sal *kosher* o la cantidad que se desee (al gusto)

- Mezcla el ajo, las nueces y la cayena en el vaso de una batidora pequeña o un procesador de alimentos y tritúralos.
- Añade la albahaca, la aquafaba, el zumo de limón y la sal. Tritúralos hasta conseguir una masa homogénea y de un vivo color verde. Agrega más sal y zumo de limón al gusto.
- Consérvalo en la nevera durante un máximo de cinco días.

Salsa de limón y ajo

SÍNTOMAS
QUE COMBATE

NM Niebla mental

F Fatiga

P Aumento de peso

RACIONES: 4
Tiempo de preparación: 10 min
Tiempo total: 15 min

SUGERENCIA
Utilízalo como aderezo sin grasas para ensaladas. O vierte una cucharada sobre el pescado o el pollo. También puedes usarlo con las legumbres.

MODIFICACIÓN
PARA EL *RESET*

Adrenal Reset
Momento: cualquiera
Modificación: ninguna

***Reset* del metabolismo**
Momento: cena
Modificación: sírvelo en lugar de otras fuentes de grasa.

Thyroid Reset
Momento: cualquiera
Modificación: ninguna

OPCIÓN SIN GLUTEN
No se necesita ninguna modificación.

OPCIÓN VEGANA
No se necesita ninguna modificación.

Es una versión de la receta libanesa tradicional llamada *toum*. Puede servirse con aves de corral, verduras o arroz. En ella se utiliza mucho menos aceite y quizás necesite removerse después de conservarla en la nevera. Aunque la salsa se triture, ayuda que se piquen primero los ajos. Puedes servirla justo después de triturarla, pero sabe incluso mejor si se refrigera unas horas o toda la noche.

⅓ taza de ajo picado

Zumo de 2 limones (entre 4 y 6 cucharadas)

½ taza de aceite de oliva virgen extra

1 cucharadita de sal *kosher*

- Mezcla todos los ingredientes, usando una batidora de vaso o un procesador de alimentos. Tritúralos bien durante 2 minutos o hasta que se alcance una consistencia homogénea.
- Sírvela de inmediato o refrigérala durante un máximo de cinco días.

Aliño de soja y sésamo

SÍNTOMAS QUE COMBATE

F Fatiga

S Sofocos

P Aumento de peso

RACIONES: 4

Tiempo de preparación: 5 min

Tiempo total: 10 min

SUGERENCIA

Sírvelo en ensaladas. Los ingredientes complementarios incluyen verduras de hoja verde o lechuga romana, aguacate troceado en dados, brotes de soja verde, vainas de guisantes, cilantro y brotes de bambú.

MODIFICACIÓN PARA EL *RESET*

Adrenal Reset

Momento: comida, cena

Modificación: ninguna

***Reset* del metabolismo**

Momento: cena

Modificación: sírvelo con carbohidratos y proteínas, sin grasas adicionales.

Thyroid Reset

Momento: cualquiera

Modificación: ninguna

OPCIÓN SIN GLUTEN

No se necesita ninguna modificación.

OPCIÓN VEGANA

No se necesita ninguna modificación.

Éste es uno de mis aderezos favoritos desde siempre. Es fácil y rápido de hacer y puede acompañar tanto ensaladas como fideos chinos de arroz o incluso utilizarse como salsa de un salteado. Si no tienes un mortero, usa un procesador de alimentos con poca capacidad. Me gusta hacer lo justo porque, cuando lo conservas en la nevera, el sabor se desvanece.

2 cucharadas de semillas crudas de sésamo

½ cucharadita de azúcar moreno o cualquier edulcorante natural de tu elección

2 cucharadas de salsa de soja tamari

2 cucharadas de vinagre de arroz sin sazonar

- Calienta una sartén mediana a temperatura media.
- Sofríe las semillas de sésamo sin dejar de remover entre 3 y 5 minutos. Cuando se hayan hecho, quedarán doradas y desprenderán un gran aroma.
- Vierte las semillas tostadas de sésamo en un mortero con el azúcar moreno. Tritúralas durante unos 5 minutos hasta que obtengas una pasta uniforme. Añade la salsa de soja tamari y el vinagre de arroz y tritura durante un último minuto para que todo se mezcle bien.

Aperitivos

Aquí te presento un popurrí de recetas en las que se usan ingredientes que reducen los síntomas.

LEYENDA DE SÍNTOMAS

 Niebla mental
 Fatiga
 Sofocos
 Insomnio
Aumento de peso

Galletas de nueces

SÍNTOMAS QUE COMBATE

NM Niebla mental

F Fatiga

RACIONES: 8

Tiempo de preparación: 10 min

Tiempo total: 20 min

SUGERENCIA

Sírvelas como postre.

MODIFICACIÓN PARA EL *RESET*

Adrenal Reset

Momento: cualquiera

Modificación: sírvelas en lugar de otras fuentes de carbohidratos y grasas.

***Reset* del metabolismo**

Momento: evítalas

Modificación: N/A

Thyroid Reset

Momento: cualquiera

Modificación: ninguna

OPCIÓN SIN GLUTEN

No se necesita ninguna modificación.

OPCIÓN VEGANA

Omite las claras de huevo y añade ¼ de taza de linaza mezclada con ¼ de taza de agua.

Están deliciosas, pero ten en cuenta que son una gran fuente de calorías.

2 claras de huevo

3 cucharadas de azúcar moreno o cualquier otro edulcorante natural de tu elección

1 cucharadita de canela molida

1 ½ tazas de nueces picadas

- Precalienta el horno a 175 grados.
- Mezcla las claras de huevo, el azúcar moreno y la canela en un bol mediano. Añade las nueces.
- Forma bolitas de 2 o 3 cucharadas de masa y colócalas en una bandeja con unos 2,5 cm de separación.
- Hornéalas durante 10 minutos o hasta que adopten un ligero tono tostado.

Jengibre encurtido casero

SÍNTOMAS QUE COMBATE

Fatiga

Aumento de peso

RACIONES: 8
Tiempo de preparación: 5 min
Tiempo total: 45 min

MODIFICACIÓN PARA EL *RESET*

Adrenal Reset
Momento: cualquiera
Modificación: ninguna

***Reset* del metabolismo**
Momento: cualquiera
Modificación: ninguna

Thyroid Reset
Momento: cualquiera
Modificación: ninguna

OPCIÓN SIN GLUTEN
No se necesita ninguna modificación.

OPCIÓN VEGANA
No se necesita ninguna modificación.

El jengibre encurtido, conocido como *gari* en la gastronomía japonesa, es un jengibre laminado servido con el *sushi*. Si quieres añadir más jengibre a tu dieta, puedes usarlo como complemento de casi cualquier comida. Basta con que tomes algunas láminas como acompañante para que experimentes los beneficios del jengibre día tras día. Me gusta hacer el doble de cantidad una o dos veces al mes. Cuando la mezcla se refrigera, a menudo se torna rosa. Es un efecto normal del vinagre de arroz en el jengibre.

250 g de jengibre fresco pelado

3 cucharaditas de sal *kosher*

1 taza de vinagre de arroz

⅓ taza de azúcar moreno o cualquier edulcorante natural de tu elección

- Corta el jengibre de forma transversal en láminas finas. Colócalas en un bol y mézclalas con la sal para que las cubra de manera uniforme. Pasa la mezcla a un tarro de 450 g o más, resistente al calor, y deja que repose durante 30 minutos.
- En una sartén pequeña, mezcla el vinagre y el azúcar moreno hasta que se disuelva. Llévalos a ebullición antes de verter el líquido sobre el jengibre.
- Déjalo reposar, tápalo y refrigéralo al menos durante una semana antes de servirlo. Guarda las porciones restantes en la nevera durante un máximo de 3 semanas.

Pistachos tostados con chili

SÍNTOMAS QUE COMBATE

NM Niebla mental

I Insomnio

RACIONES: 16

Tiempo de preparación: 5 min

Tiempo total: 45 min

MODIFICACIÓN PARA EL *RESET*

Adrenal Reset

Momento: cualquiera

Modificación: ninguna

***Reset* del metabolismo**

Momento: evítalos

Modificación: es mejor evitar los frutos secos como aperitivo en la fase *reset*.

Thyroid Reset

Momento: cualquiera

Modificación: ninguna

OPCIÓN SIN GLUTEN

No se necesita ninguna modificación.

OPCIÓN VEGANA

No se necesita ninguna modificación.

Es bueno tenerlos a mano para decorar alguna receta o como aperitivo ocasional.

1 cucharada de zumo de lima recién exprimida (más o menos ½ lima)

1 cucharada de pimentón picante

2 cucharaditas de sal de ajo

1 cucharadita de comino molido

2 tazas de pistachos pelados sin sal

- Precalienta el horno a 175 grados.
- En un bol mediano, mezcla el zumo de lima, el pimentón picante, la sal de ajo y el comino. Añade los pistachos y mézclalo todo hasta cubrirlos.
- Distribuye uniformemente los pistachos sobre una bandeja de horno y colócala a una altura media. Hornéalos entre 25 y 30 minutos o hasta que la mezcla sazonada esté seca y ligeramente tostada.
- Deja que se enfríen y sírvelos. Puedes mantenerlos en la nevera hasta un máximo de 10 días.

Agua de cítricos y romero

SÍNTOMAS QUE COMBATE

Niebla mental

S Sofocos

I Insomnio

RACIONES: 4
Tiempo de preparación: 5 min
Tiempo total: 5 min

MODIFICACIÓN PARA EL *RESET*

Adrenal Reset
Momento: cualquiera
Modificación: ninguna

***Reset* del metabolismo**
Momento: cualquiera, alimento ilimitado
Modificación: ninguna

Thyroid Reset
Momento: cualquiera
Modificación: ninguna

OPCIÓN SIN GLUTEN

No se necesita ninguna modificación.

OPCIÓN VEGANA

No se necesita ninguna modificación.

Es la bebida perfecta para ayudar con las tareas mentales. Es mucho más eficaz que el café sin el bajón de la cafeína. Me gusta tener a mano una jarra mientras escribo.

1 lima en láminas

1 naranja en láminas

5 ramitas de romero fresco

1 limón en láminas

2 litros de agua purificada

- Añade todos los ingredientes a una jarra. Refrigérala toda la noche y sírvela.

Notas

Capítulo 1: Hormonas y síntomas

1. Furlan, L., Bonetto, C., Finotto, A., *et al.* «The Efficacy of Biofumigant Meals and Plants to Control Wireworm Populations». *Industrial Crops and Products,* vol. 31, n.° 2, pp. 245-254 (2010). doi: 10.1016/j.indcrop.2009.10.012.
2. Aune, D., Giovannucci, E., Boffetta, P., *et al.* «Fruit and Vegetable Intake and the Risk of Cardiovascular Disease, Total Cancer and All-Cause Mortality–A Systematic Review and Dose-Response Meta-Analysis of Prospective Studies». *International Journal of Epidemiology,* vol. 46, n.° 3, pp. 1029-1056 (2017). doi: 10.1093/ije/dyw319.

Capítulo 2: Comida y hormonas

1. Lim, E. L., Hollingsworth, K. G., Aribisala, B. S., *et al.* «Reversal of Type 2 Diabetes: Normalisation of Beta Cell Function in Association with Decreased Pancreas and Liver Triacylglycerol». *Diabetologia,* vol. 54, n.° 10, pp. 2506-2514 (2011). doi: 10.1007/s00125-011-2204-7.
2. Yoon, S. J., Choi, S. R., Kim, D. M., *et al.* «The Effect of Iodine Restriction on Thyroid Function in Patients with Hypothyroidism Due to Hashimoto's Thyroiditis». *Yonsei Medical Journal,* vol. 44, n.° 2, pp. 227-235 (2003). doi: 10.3349/ymj.2003.44.2.227.
3. Pi-Sunyer, X. «The Medical Risks of Obesity». *Postgraduate Medicine,* vol. 121, n.° 6, pp. 21-33 (2009). doi: 10.3810/pgm.2009.11.2074.

Capítulo 3: Peso

1. Steven, S., Hollingsworth, K. G., Small, P. K., *et al.* «Weight Loss Decreases Excess Pancreatic Triacylglycerol Specifically in Type 2 Diabetes». *Diabetes Care,* vol. 39, n.° 1, pp. 158-165 (2016). doi: 10.2337/dc15-0750.
2. Narang, N., Jiraungkoorskul, W., Jamrus, P. «Current Understanding of Antiobesity Property of Capsaicin». *Pharmacognosy Reviews,* vol. 11, n.° 21, pp. 23-26 (2017). doi: 10.4103/phrev.phrev_48_16.
3. Rondanelli, M., Opizzi, A., Perna, S. *et al.* «Improvement in Insulin Resistance and Favourable Changes in Plasma Inflammatory Adipokines After Weight Loss Associated with Two Months' Consumption of a Combination of Bioactive Food Ingredients in Overweight Subjects». *Endocrine,* vol. 44, n.° 2, pp. 391-401 (2013). doi: 10.1007/s12020-012-9863-0.
4. Springer, J. «60 Days of Nothing but Spuds Leaves Advocate 21 Lbs. Lighter». *Today* (2 de diciembre de 2010). www.today.com/health/60-days-nothing-spuds-leaves-advocate-21-lbs-lighter-2d80555614
5. Holt, S. H. A., Brand-Miller, J. C., Petocz, P., *et al.* «A Satiety Index of Common Foods». *European Journal of Clinical Nutrition,* vol. 49, n.° 9, pp. 675-690 (1995). PMID: 7498104.
6. Dos Santos Tramontin, N., Luciano, T. F., De Oliveira Marques, S., *et al.* «Ginger and Avocado as Nutraceuticals for Obesity and Its Comorbidities». *Phytotherapy Research,* vol. 34, n.° 6, pp. 1282-1290 (2020). doi: 10.1002/ptr.6619.
7. Attari, V. E., Ostadrahimi, A., Jafarabadi, M. A., *et al.* «Changes of Serum Adipocytokines and Body Weight Following *Zingiber officinale* Supplementation in Obese Women: A RCT». *European Journal of Nutrition,* vol. 55, n.° 6, pp. 2129-2136 (2016). doi: 10.1007/s00394-015-1027-6.
8. Attari, V. E., Jafarabadi, M. A., Zemestani, M. *et al.* «Effect of Zingiber officinale Supplementation on Obesity Management with Respect to the Uncoupling Protein 1-3826A>G and ß3-adrenergic Receptor Trp64Arg Polymorphism». *Phytotherapy Research,* vol. 29, n.° 7, pp. 1032-1039 (2015). doi: 10.1002/ptr.5343.
9. Nishimura, M., Muro, T., Kobori, M. *et al.* « Effect of Daily Ingestion of Quercetin-Rich Onion Powder for 12 Weeks on Visceral Fat: A Randomised, Double-Blind, Placebo-Controlled, Parallel-Group Study». *Nutrients,* vol. 12, n.° 1, pp. 91 (2019). doi: 10.3390/nu12010091.

10. Elsawy, G., Abdelrahman, O., Hamza, A. «Effect of Choline Supplementation on Rapid Weight Loss and Biochemical Variables Among Female Taekwondo and Judo Athletes». *Journal of Human Kinetics,* vol. 40, pp. 77-82 (2014). doi: 10.2478/hukin-2014-0009.
11. Farhangi, M. A., Dehghan, P., Tajmiri, S., *et al.* «The Effects of Nigella sativa on Thyroid Function, Serum Vascular Endothelial Growth Factor (VEGF)–1, Nesfatin-1 and Anthropometric Features in Patients with Hashimoto's Thyroiditis: A Randomized Controlled Trial». *BMC Complementary Medicine and Therapies,* vol. 16, n.° 1, pp. 471 (2016). doi: 10.1186/s12906-016-1432-2.
12. Nolan, R., Shannon, O. M., Robinson, N., *et al.* «It's No Has Bean: A Review of the Effects of White Kidney Bean Extract on Body Composition and Metabolic Health». *Nutrients,* vol. 12, n.° 5, p. 1398 (2020). doi: 10.3390/nu12051398.

Capítulo 4: Fatiga

1. National Sleep Foundation. «Sleep in America Poll 2020: Americans Feel Sleepy 3 Days a Week with Impacts on Activities, Mood & Acuity» (2020). www.thensf.org/wp-content/uploads/2020/03/SIA-2020-Report.pdf
2. Maisel, P., Baum, E., Donner-Banzhoff, N. «Fatigue as the Chief Complaint–Epidemiology, Causes, Diagnosis, and Treatment». *Deutsches Ärzteblatt International,* vol. 118, n.os 33-34, pp. 566-576 (2021). doi: 10.3238/arztebl.m2021.0192.
3. Finisterer, J., Mahjoub, S. Z. «Fatigue in Healthy and Diseased Individuals». *American Journal of Hospice & Palliative Care,* vol. 31, n.° 5, pp. 562-575 (2014). doi: 10.1177/1049909113494748.
4. Basu, N., Yang, X., Luben, R. N., *et al.* «Fatigue Is Associated with Excess Mortality in the General Population: Results from the EPIC-Norfolk Study». *BMC Medicine,* vol. 14, n.° 1, pp. 122 (2016). doi: 10.1186/s12916-016-0662-y.
5. Yi, M. Fu J., Zhou, L., *et al.* «The Effect of Almond Consumption on Elements of Endurance Exercise Performance in Trained Athletes». *Journal of the International Society of Sports Nutrition,* vol. 11, pp. 18 (2014). doi: 10.1186/1550-2783-11-18.
6. Song, P., Wu, L., Guan, W. «Dietary Nitrates, Nitrites, and Nitrosamines Intake and the Risk of Gastric Cancer: A Meta-Analysis». *Nutrients,* vol. 7, n.° 12, pp. 9872-9895 (2015). doi: 10.3390/nu7125505.
7. Hord, N. G., Tang, Y., Bryan, N. S. «Food Sources of Nitrates and Nitrites: The Physiologic Context for Potential Health Benefits». *American Journal of Clinical Nutrition,* vol. 90, n.° 1, pp. 1-10 (2009). doi: 10.3945/ajcn.2008.27131.
8. Petrie, M., Rejeski, W. J., Basu, S., *et al.* «Beet Root Juice: An Ergogenic Aid for Exercise and the Aging Brain». *Journals of Gerontology Series A: Biological Sciences and Medical Sciences,* vol. 72, n.° 9, pp. 1284-1289 (2017). doi: 10.1093/gerona/glw219.
9. Eggebeen, J., Kim-Shapiro, D. B., Haykowsky, M., *et al.* «One Week of Daily Dosing with Beetroot Juice Improves Submaximal Endurance and Blood Pressure in Older Patients with Heart Failure and Preserved Ejection Fraction». *JACC: Heart Failure,* vol. 4, n.° 6, pp. 428-437 (2016). doi: 10.1016/j.jchf.2015.12.013.
10. Morihara, N., Nishihama, T., Ushijima, M., *et al.* «Garlic as an Anti-Fatigue Agent». *Molecular Nutrition & Food Research,* vol. 51, n.° 11, pp. 1329-1334 (2007). doi: 10.1002/mnfr.200700062.
11. Moosavian, S. P., Paknahad, Z., Habibagahi, Z., *et al.* «The Effects of Garlic (*Allium sativum*) Supplementation on Inflammatory Biomarkers, Fatigue, and Clinical Symptoms in Patients with Active Rheumatoid Arthritis: A Randomized, Double-Blind, Placebo-Controlled Trial». *Phytotherapy Research,* vol. 34, n.° 11, pp. 2953-2962 (2020). doi: 10.1002/ptr.6723.
12. Morihara, N., Ushijima, M., Kashimoto, N., *et al.* «Aged Garlic Extract Ameliorates Physical Fatigue». *Biological and Pharmaceutical Bulletin,* vol. 29, n.° 5, pp. 962-966 (2006). doi: 10.1248/bpb.29.962.
13. Sjödin, A., Hellström, F., Sehlstedt, E., *et al.* «Effects of a Ketogenic Diet on Muscle Fatigue in Healthy, Young, Normal-Weight Women: A Randomized Controlled Feeding Trial». *Nutrients,* vol. 12, n.° 4, pp. 955 (2020). doi: 10.3390/nu12040955.
14. Wolever, T. M. S., Rahn, M., Dioum, E. H., *et al.* «Effect of Oat ß-Glucan on Affective and Physical Feeling States in Healthy Adults: Evidence for Reduced Headache, Fatigue, Anxiety and Limb/Joint Pains». *Nutrients,* vol. 12, n.° 5, pp. 1534 (2021). doi: 10.3390/nu13051534.

15. Singh, R., De, S., Belkheir, A. «*Avena sativa* (Oat), a Potential Neutraceutical and Therapeutic Agent: An Overview». *Critical Reviews in Food Science and Nutrition,* vol. 53, n.° 2, pp. 126-144 (2013). doi: 10.1080/10408398.2010.526725.
16. Liu, R., Wu, L., Du, Q., *et al.* «Small Molecule Oligopeptides Isolated from Walnut (*Juglans regia L.*) and Their Anti-Fatigue Effects in Mice». *Molecules,* vol. 24, n.° 1, pp. 45 (2018). doi: 10.3390/molecules24010045.
17. Peppone, L. J., Inglis, J. E., Mustian, K. M., *et al.* «Multicenter Randomized Controlled Trial of Omega-3 Fatty Acids Versus Omega-6 Fatty Acids for the Control of Cancer-Related Fatigue Among Breast Cancer Survivors». *JNCI Cancer Spectrum,* vol. 3, n.° 2, pp. pkz005 (2019). doi: 10.1093/jncics/pkz005.
18. Chen, S., Li, Z., Krochmal, R., *et al.* «Effect of Cs-4 (*Cordyceps sinensis*) on Exercise Performance in Healthy Older Subjects: A Double-Blind, Placebo-Controlled Trial». *Journal of Alternative and Complementary Medicine,* vol. 16, n.° 5, pp. 585-590 (2010). doi: 10.1089/acm.2009.0226.
19. Jacquet, A., Grolleau, A., Jove, J., *et al.* «Burnout: Evaluation of the Efficacy and Tolerability of TARGET 1 for Professional Fatigue Syndrome (Burnout)». *Journal of International Medical Research,* vol. 43, n.° 1, pp. 54-66 (2015). doi: 10.1177/0300060514558324.
20. Glenn, J. M., Gray, M., Wethington, L. N., *et al.* «Acute Citrulline Malate Supplementation Improves Upper- and Lower-Body Submaximal Weightlifting Exercise Performance in Resistance-Trained Females». *European Journal of Nutrition,* vol. 56, n.° 2, pp. 775-784 (2017). doi: 10.1007/s00394-015-1124-6.

Capítulo 5: Niebla mental

1. Sampat, S., Mahapatra, S. C., Padhi, M. M., *et al.* «Holy Basil (*Ocimum sanctum Linn.*) Leaf Extract Enhances Specific Cognitive Parameters in Healthy Adult Volunteers: A Placebo-Controlled Study». *Indian Journal of Physiology and Pharmacology,* vol. 59, n.° 1, pp. 69-77 (2015); PMID: 2657187.
2. Jamshidi, N., Cohen, M. M. «The Clinical Efficacy and Safety of Tulsi in Humans: A Systematic Review of the Literature». *Evidence-Based Complementary and Alternative Medicine,* vol. 2017, pp. 9217567 (2017); doi: 10.1155/2017/9217567.
3. Lee, B. K., Jung, A. N., Jung, Y. S. «Linalool Ameliorates Memory Loss and Behavioral Impairment Induced by REM-Sleep Deprivation Through the Serotonergic Pathway». *Biomolecules and Therapeutics (Seoul),* vol. 26, n.° 4, pp. 368-373 (2018). doi: 10.4062/biomolther.2018.081.
4. Whyte, A. R., Rahman, S., Bell, L., *et al.* «Improved Metabolic Function and Cognitive Performance in Middle-Aged Adults Following a Single Dose of Wild Blueberry». *European Journal of Nutrition,* vol. 60, n.° 3, pp. 1521-1536 (2021). doi: 10.1007/s00394-020-02336-8.
5. Morris, M. C., Wang, Y., Barnes, L. L., *et al.* «Nutrients and Bioactives in Green Leafy Vegetables and Cognitive Decline: Prospective Study». *Neurology,* vol. 90, n.° 3, pp. e214-222 (2018). doi: 10.1212/WNL.0000000000004815.
6. Moss, M., Smith, E., Milner, M., *et al.* «Acute Ingestion of Rosemary Water: Evidence of Cognitive and Cerebrovascular Effects in Healthy Adults». *Journal of Psychopharmacology,* vol. 32, n.° 12, pp. 1319-1329 (2018). doi: 10.1177/0269881118798339.
7. Zhang, Y., Chen, J., Qiu, J., *et al.* «Intakes of Fish and Polyunsaturated Fatty Acids and Mild-to-Severe Cognitive Impairment Risks: A Dose-Response Meta-Analysis of 21 Cohort Studies». *American Journal of Clinical Nutrition,* vol. 103, n.° 2, pp. 330-340 (2016). doi: 10.3945/ajcn.115.124081.
8. Liu, C. H., Tsai, C. H., Li, T. C., *et al.* «Effects of the Traditional Chinese *Herb Astragalus membranaceus* in Patients with Poststroke Fatigue: A Double-Blind, Randomized, Controlled Preliminary Study». *Journal of Ethnopharmacology,* vol. 194, pp. 954-962 (2016). doi: 10.1016/j.jep.2016.10. 058.
9. An, J. H., Kim, Y. J., Jin, K., *et al.* «L-Carnitine Supplementation for the Management of Fatigue in Patients with Hypothyroidism on Levothyroxine Treatment: A Randomized, Double-Blind, Placebo-Controlled Trial». *Endocrine Journal,* vol. 63, n.° 10, pp. 885-895 (2016). doi: 10.1507/endocrj.EJ16-0109.
10. Hidese, S., Ogawa, S., Ota, M., *et al.* «Effects of L-Theanine Administration on Stress-Related Symptoms and Cognitive Functions in Healthy Adults: A Randomized Controlled Trial».

Nutrients, vol. 11, n.º 10, pp. 2362 (2019). doi: 10.3390/nu11102362.

Capítulo 6: Sofocos

1. Thurston, R. C., Vlachos, H. E. A., Derby, C. A., *et al.* «Menopausal Vasomotor Symptoms and Risk of Incident Cardiovascular Disease Events in SWAN». *Journal of the American Heart Association,* vol. 10, n.º 3, pp. e017416 (2021). doi: 10.1161/JAHA.120.017416.
2. Spetz, A. C., Fredriksson, M. G., Hammar, M. L. «Hot Flushes in a Male Population Aged 55, 65, and 75 Years, Living in the Community of Linköping, Sweden». *Menopause,* vol. 10, n.º 1, pp. 81-87 (2003). doi: 10.1097/00042192-200310010-00013.
3. Fuentes, F., Paredes-González, X., Kong, A. N. T. «Dietary Glucosinolates Sulforaphane, Phenethyl Isothiocyanate, Indole-3-Carbinol/3,3´-Diindolylmethane: Anti-Oxidative Stress/Inflammation, Nrf2, Epigenetics/Epigenomics and In Vivo Cancer Chemopreventive Efficacy». *Current Pharmacology Reports,* vol. 1, n.º 3, pp. 179-196 (2015). doi: 10.1007/ s40495-015-0017-y.
4. Liu, X., Lv, K. «Cruciferous Vegetables Intake Is Inversely Associated with Risk of Breast Cancer: A Meta-Analysis». *Breast,* vol. 22, n.º 3, pp. 309-313 (2013). doi: 10.1016/j.breast.2012.07.013.
5. Nomura, S. J. O., Hwang, Y. T., Gómez, S. L., *et al.* «Dietary Intake of Soy and Cruciferous Vegetables and Treatment-Related Symptoms in Chinese-American and Non-Hispanic White Breast Cancer Survivors». *Breast Cancer Research and Treatment,* vol. 168, n.º 2, pp. 467-479 (2013). doi: 10.1007/s10549-017-4578-9.
6. Yang, R., Zhou, Y., Li, C., *et al.* «Association Between Pulse Wave Velocity and Hot Flashes/Sweats in Middle-Aged Women». *Scientific Reports,* vol. 7, n.º 13854 (2017). doi: 10.1038/s41598-017-13395-z.
7. Safabakhsh, M., Siassi, F., Koohdani, F., *et al.* «Higher Intakes of Fruits and Vegetables Are Related to Fewer Menopausal Symptoms: A Cross-Sectional Study». *Menopause,* vol. 27, n.º 5, pp. 593-604 (2020). doi: 10.1097/GME.0000000000001511.
8. Zingue, S., Michel, T., Tchatchou, J., *et al.* «Estrogenic Effects of Ficus umbellata Vahl. (Moraceae) Extracts and Their Ability to Alleviate Some Menopausal Symptoms Induced by Ovariectomy in Wistar Rats». *Journal of Ethnopharmacology,* vol. 179, pp. 332-344 (2016). doi: 10.1016/j.jep.2016.01.004.
9. Zhao, T. T., Jin, F., Li, J. G., *et al.* «Dietary Isoflavones or Isoflavone-Rich Food Intake and Breast Cancer Risk: A Meta-Analysis of Prospective Cohort Studies». *Clinical Nutrition,* vol. 38, n.º 1, pp. 136-145 (2019). doi: 10.1016/j.clnu.2017.12.006.
10. Shu, X. O., Zheng, Y., Cai, H., *et al.* «Soy Food Intake and Breast Cancer Survival». *JAMA,* vol. 302, n.º 22, pp. 2437-2443 (2009). doi: 10.1001/jama.2009.1783.
11. Kuptniratsaikul, V., Dajpratham, P., Taechaarpornkul, W., *et al.* «Efficacy and Safety of Curcuma domestica Extracts Compared with Ibuprofen in Patients with Knee Osteoarthritis: A Multicenter Study». *Clinical Interventions in Aging,* vol. 9, pp. 451-458 (2014). doi: 10.2147/CIA.S58535.
12. Ataei-Almanghadim, K., Farshbaf-Khalili, A., Ostadrahimi, A. R., *et al.* «The Effect of Oral Capsule of Curcumin and Vitamin E on the Hot Flashes and Anxiety in Postmenopausal Women: A Triple Blind Randomised Controlled Trial». *Complementary Therapies in Medicine,* vol. 48, pp. 102267 (2020). doi: 10.1016/j.ctim.2019.102267.
13. Štulíková, K., Karabín, M., Nešpor, J., *et al.* «Therapeutic Perspectives of 8-Prenylnaringenin, a Potent Phytoestrogen from Hops». *Molecules,* vol. 23, n.º 3, pp. 660 (2018). doi: 10.3390/molecules23030660.
14. Ishiwata, N., Melby, M. K., Mizuno, S., *et al.* «New Equol Supplement for Relieving Menopausal Symptoms: Randomized, Placebo-Controlled Trial of Japanese Women». *Menopause,* vol. 16, n.º 1, pp. 141-148 (2009). doi: 10.1097/gme.0b013e31818379fa.

Capítulo 7: Insomnio

1. Buysse, D. J. «Insomnia». *JAMA,* vol. 309, n.º 7, pp. 706-716 (2013). doi: 10.1001/jama.2013.193.
2. Chaudhary, N. S., Grandner, M. A., Jackson, N. J., *et al.* «Caffeine Consumption, Insomnia, and Sleep Duration: Results from a Nationally Representative

Sample». *Nutrition,* vol. 32, n.° 11-12, pp. 1193-1199 (2016). doi: 10.1016/j.nut.2016.04.005.

3. AFAGHI, A., O'CONNOR, H., CHOW, C. M. «Acute Effects of the Very Low Carbohydrate Diet on Sleep Indices». *Nutritional Neuroscience,* vol. 11, n.° 4, pp. 146-154 (2008). doi: 10.1179/147683008X301540.
4. KWAN, R. M. F., THOMAS, S., MIR, M. A. «Effects of a Low Carbohydrate Isoenergetic Diet on Sleep Behavior and Pulmonary Functions in Healthy Female Adult Humans». *Journal of Nutrition,* vol. 116, n.° 12, pp. 2393-2402 (1986) doi: 10.1093/jn/116.12.2393.
5. AFAGHI, A., O'CONNOR, H., CHOW, C. M. «High-Glycemic-Index Carbohydrate Meals Shorten Sleep Onset». *Nutritional Neuroscience,* vol. 11, n.° 4, pp. 164-154 (2008). doi: 10.1179/147683008X301540.
6. SAPNA, I., KAMALJIT, M., PRIYA, R., *et al.* «Milling and Thermal Treatment Induced Changes on Phenolic Components and Antioxidant Activities of Pigmented Rice Flours». *Journal of Food Science and Technology (Mysore),* vol. 56, n.° 2, pp. 273-280 (2018). doi: 10.1007/s13197-018-3487-1.
7. GODOS, J., FERRI, R., CASTELLANO, S., *et al.* «Specific Dietary (Poly)phenols Are Associated with Sleep Quality in a Cohort of Italian Adults». *Nutrients,* vol. 12, n.° 5, pp. 1226 (2020). doi: 10.3390/nu12051226.
8. MENG, X., LI, Y., LI, S., *et al.* «Dietary Sources and Bioactivities of Melatonin». Nutrients, vol. 9, n.° 4, pp. 367 (2017). doi: 10.3390/nu9040367.
9. HOWATSON, G., BELL, P. G., TALLENT, J., *et al.* «Effect of Tart Cherry Juice *(Prunus cerasus)* on Melatonin Levels and Enhanced Sleep Quality». *European Journal of Nutrition,* vol. 51, n.° 8, pp. 909-916 (2012). doi: 10.1007/s00394-011-0263-7.
10. WU, T. Y., CHIE, W. C., YANG, R. S., *et al.* «Risk Factors for Single and Recurrent Falls: A Prospective Study of Falls in Community Dwelling Seniors Without Cognitive Impairment». *Preventive Medicine,* vol. 57, n.° 5, pp. 511-517 (2018). doi: 10.1016/j.ypmed.2013.07.012.
11. LOSSO, J. N., FINLEY, J. W., KARKI, N., *et al.* «Pilot Study of the Tart Cherry Juice for the Treatment of Insomnia and Investigation of Mechanisms». *American Journal of Therapeutics,* vol. 25, n.° 2, pp. e194-e201 (2018). doi: 10.1097/MJT.0000000000000584.
12. LIN, H. H., TSAI, P. S., FANG, S. C., *et al.* «Effect of Kiwifruit Consumption on Sleep Quality in Adults with Sleep Problems». *Asia Pacific Journal of Clinical Nutrition,* vol. 20, n.° 2, pp. 169-174 (2011). PMID: 21669584.
13. RICHARD, D. M., DAWES, M. A., MATHIAS, C. W., *et al.* «L-Tryptophan: Basic Metabolic Functions, Behavioral Research and Therapeutic Indications». *International Journal of Tryptophan Research,* vol. 2, pp. 45-60 (2009). doi: 10.4137/ijtr.s2129.
14. FRIEDMAN, M. «Analysis, Nutrition, and Health Benefits of Tryptophan». *International Journal of Tryptophan Research,* vol. 11, pp. 1178646918802282 (2018). doi: 10.1177/1178646918802282.
15. FOODDATA CENTRAL FOUNDATION FOODS (21 de noviembre de 2021). fdc.nal.usda.gov/fdc-app.html#
16. OLADI, E., MOHAMADI, M., SHAMSPUR, T., *et al.* «Spectrofluorimetric Determination of Melatonin in Kernels of Four Different Pistacia Varieties After Ultrasound-Assisted Solid-Liquid Extraction». *Spectrochimica Acta Part A: Molecular and Biomolecular Spectroscopy,* vol. 132, pp. 326-329 (2014). doi: 10.1016/j.saa.2014.05.010.
17. ACUÑA-CASTROVIEJO, D., ESCAMES, G, VENEGAS, C., *et al.* «Extrapineal Melatonin: Sources, Regulation, and Potential Functions». *Cellular and Molecular Life Sciences,* vol. 71, n.° 16, pp. 2997-3025 (2014). doi: 10.1007/s00018-014-1579-2.

Capítulo 9: Recetas

1. BERTORELLI, A. M., LAREDO, R. «Serum Glucose and Insulin Responses to Sucanat and Sucrose in Non-Insulin Dependent Diabetes and Normal Controls». *Journal of the American Dietetic Association,* vol. 95, n.° 9, suplemento, pp. A26 (1995). doi: 10.1016/S0002-8223(95)00442-4.

Agradecimientos

Me gustaría dar las gracias a algunas personas importantes en mi vida que han hecho posible este libro de cocina.

Gracias a mi querida mujer, Kirin Christianson. Después de veintiséis años, sigues siendo mi crítica gastronómica y mi pinche de cocina favorita. Espero cocinar a tu lado hasta que seamos ancianos y frágiles.

Gracias a mi madre, Vivian Christianson. Solía trabajar fuera de casa y, por lo general, íbamos bastante justos económicamente. Sin embargo, la cena nunca era una de mis preocupaciones. Siempre disfrutábamos de buenas comidas caseras. Me enseñaste que los actos de servicio son la muestra más sincera de amor.

Gracias a mis hijos, Ryan y Celestina, por sus incansables comentarios y su paciencia con las muchas recetas que nunca llegué a repetir. Os quiero a los dos y me alegra que tengáis talento culinario y paladares refinados.

Alan Christianson
Hackensack, Minnesota
Febrero de 2022

Índice analítico